"十四五"职业教育国家规划教材

汽车销售实务
（第2版）

主 编 申荣卫

北京理工大学出版社
BEIJING INSTITUTE OF TECHNOLOGY PRESS

内 容 简 介

本书根据汽车类专业教学标准及从事汽车职业的在岗人员对基础知识、基本技能和基本素质的需求，结合汽车专业人才培养的目的，重点介绍我国汽车市场的发展历程和未来发展趋势、汽车销售顾问的基本素养、客户接待流程与管理、客户需求分析、车辆的展示与介绍、异议处理与签约成交、交车服务与售后跟踪服务、汽车销售增值服务等内容。

全书讲解清晰、简练，配有大量的图片，明了直观。本书按照汽车销售作业项目的实际过程，结合目前职业院校流行的模块化教学的实际需求，理论联系实际，重视理论，突出实操。

本书既可作为职业院校汽车专业教材，也可作为汽车售后服务站专业技术人员的培训教材。

版权专有　侵权必究

图书在版编目(CIP)数据

汽车销售实务 / 申荣卫主编. -- 2版. -- 北京：北京理工大学出版社，2019.10（2024.1 重印）

ISBN 978-7-5682-7747-1

Ⅰ.①汽… Ⅱ.①申… Ⅲ.①汽车－销售－高等学校－教材 Ⅳ.①F766

中国版本图书馆 CIP 数据核字（2019）第 238675 号

责任编辑：梁铜华　　**文案编辑**：梁铜华
责任校对：周瑞红　　**责任印制**：边心超

出版发行 / 北京理工大学出版社有限责任公司
社　　址 / 北京市丰台区四合庄路 6 号
邮　　编 / 100070
电　　话 / （010）68914026（教材售后服务热线）
　　　　　　（010）68944437（课件资源服务热线）
网　　址 / http://www.bitpress.com.cn
版 印 次 / 2024 年 1 月第 2 版第 6 次印刷
印　　刷 / 定州市新华印刷有限公司
开　　本 / 787 mm × 1092 mm　1/16
印　　张 / 10.5
字　　数 / 240 千字
定　　价 / 39.00 元

图书出现印装质量问题，请拨打售后服务热线，负责调换

前言

党的二十大报告中指出：教育、科技、人才是全面建设社会主义现代化国家的基础性、战略性支撑。目前我国已经连续多年汽车产销量保持世界第一的地位。随着汽车技术的不断进步，汽车的品质和性价比也越来越高，不同品牌的汽车销售竞争也越来越激烈，因此培养适应市场需要的高素质汽车营销人才越来越迫切。

本书以汽车营销与服务专业学生的就业为导向，根据汽车行业专家对本专业所涵盖的岗位群进行任务和职业能力分析，同时遵循职业学校学生的认知规律，确定本教材的项目模块和课程内容；同时，它涵盖汽车后市场服务行业岗位所需的专业素养，具有汽车行业通识性。本书具有如下特色：

（1）情景化教学，凸显职业教育特色

本书重点围绕职业学校专业建设计划、企业需要、学生就业能力提升，从职业技能领域人才培养及评价模式出发，采用体验式销售理念，按汽车服务人员工作过程设计任务，以任务为驱动，以学生为主体，导入相关知识和技巧。同时，每个任务都充分利用实训环境进行情景式教学，旨在提升学习者汽车服务能力，反映汽车营销与服务专业典型岗位及岗位群职业能力要求，关注细节及精益求精的工匠精神。

（2）符合混合式课堂教学需要，注重资源的多层次和多元化

课程素材按照"最小学习素材、碎片化存储"的思路，力求丰富多样，符合学习者的个体差异。在汽车营销与服务专业领域采用同类思路编写的教材并不多见，该教材的出版填补了空白。

（3）符合行业实际，内容"必需、够用"

教材内容以"必需、够用"为原则，实践部分易于联系实践，技能操作符合职业技能鉴定规范。具有行业针对性，符合汽车营销与服务学生专业的要求，并能涵盖汽车4S店和汽配商店主要岗位要求和规范。

本书共分为 8 个课题，重点介绍我国汽车市场的发展历程和未来发展趋势、汽车销售顾问的基本素养、客户接待流程与管理、客户需求分析、车辆的展示与介绍、异议处理与签约成交、交车服务与售后跟踪服务、汽车销售增值服务等内容。

本书由天津职业技术师范大学申荣卫教授担任主编。本书图文并茂、通俗易懂，既可作为职业学校汽车专业教材，也可作为汽车售后服务站专业技术人员的培训教材。

由于作者水平有限，书中可能会有疏漏和不妥之处，欢迎读者批评指正。

编　者

课程思政教学设计方案

"汽车销售实务"课程作为交通运输类中汽车服务等专业人才培养的重要环节,对学生的职业生涯规划、价值观念树立和职业发展等都有着潜移默化的影响。

教材对与"汽车销售实务"相关课程的思政元素进行了挖掘,希望教师能够将内容与实训教学内容结合,将教书育人与立德树人相结合,实现课程思政的落地、落实、落细,使学生通过"汽车销售实务"教学环节的学习,能够实现以知识为载体,树立正确的世界观、人生观、价值观,掌握解决问题的方法,达到育德、育智、育能的统一。

本课程的课程思政元素如下:

1. 创新思维

在"汽车销售实务"课程中,创新是学生学习的关键知识点,如推动汽车新产品开发、品牌的打造、销售工具和手段的创新、广告创意等都是销售创新内容。在互联网时代,新的互联网销售工具也在不断涌现,如新零售、新电商。当新型商业模式涌现时,需要在"汽车销售实务"课程中,注重学生思维创新引导和创新能力的培养。

2. 服务意识

销售最终都是为了给消费者创造价值,满足消费者的需要。在企业产品的销售期间,将挖掘消费者潜在需求点作为销售工作重心。而将消费者潜在需求作为基准点来提供更多的产品和服务,也可以为消费者带来更多的价值。因而,服务意识的培养是当前销售人员获得成功的关键。高质量的服务品质,能够挽留老客户和带来新客户。因此,在"汽车销售实务"课程上,教师要注重服务意识的培养。

3. 责任意识

责任是每个人对社会、对工作、对他人、对自己都需要履行的义务。在"汽车销售实务"课程中,有很多的内容都会提到销售责任。销售责任是强调企业对汽车消费者的责任,以消费者作为销售工作中心。绿色销售思想理念强调企业对外界自然环境的责任意识,是目前基础研究课程中的重要元素,需要学生具备更强烈的社会责任感。

4. 合作精神

在当前企业社会化分工比较明确的背景下,员工合作精神也显得日益重要。通过以团队合作的方式来推动企业产品销售,才能够实现企业互利共赢。高校在培养专业人才时要重点强调合作精神的重要性。与此同时,团队合作精神也要在"汽车销售实务"理论讲解和课程实践过程中,大力地渗透融入。汽车销售作为汽车企业重要的核心部门,它与汽车的产品研制、财务工作密切关联。团队合作精神是目前汽车销售的关键，也是目前高校人才培养的关键。

5. 职业道德

汽车销售强调销售活动中的诚信守信经营，强调销售人员的职业道德。汽车公司在产品研制、服务质量、宣传、品牌包装、汽车产品定价、销售渠道的开拓和汽车产品促销推广等活动上都要杜绝假冒伪劣、欺诈行为。在汽车产品的生产经营中，要引入求真务实、诚信的经营思想；在汽车销售中，要注重人员的职业道德和精神素养；在汽车售后服务中，要信守承诺、不断提高服务质量。因而，"汽车销售实务"课程要更加注重学生的职业道德引领，让学生爱岗敬业、诚实守信、公平竞争、为社会奉献，让学生能够恪守自身价值观、职业操守，最终能够将职业道德内化到自身思维中，并外化到行为中，为社会做贡献。

教学内容与思政元素的对应如下：

教学内容	思政元素
我国汽车市场的发展历程和未来发展趋势	建立"四个自信"、责任意识
汽车销售顾问的基本素养	创新思维、服务意识、合作精神
客户接待流程与管理	服务意识、合作精神、职业道德
客户需求分析	服务意识、职业道德
车辆的展示与介绍	创新意识、合作精神、职业道德
异议处理与签约成交	责任意识、合作精神
交车服务与售后跟踪服务	责任意识、合作精神
汽车销售增值服务	创新意识、合作精神

目 录

课题一 我国汽车市场的发展历程和未来发展趋势 ········· 1
    任务一 我国汽车市场的发展历程 ·················· 2
    任务二 我国汽车市场的未来发展趋势 ············· 3

课题二 汽车销售顾问的基本素养 ·················· 7
    任务一 销售顾问的售前准备 ····················· 8
    任务二 销售顾问的素质要求 ···················· 17

课题三 客户接待流程与管理 ······················ 40
    任务一 客户接待流程 ··························· 41
    任务二 客户管理 ······························· 43

课题四 客户需求分析 ··························· 53
    任务一 了解客户的需求 ························ 54
    任务二 分析客户的需求 ························ 61
    任务三 满足客户的需求 ························ 65

课题五 车辆的展示与介绍 ······················· 69
    任务一 车辆展示 ······························· 70
    任务二 车辆介绍 ······························· 76
    任务三 车辆介绍的技巧与方法 ·················· 84
    任务四 试乘试驾 ······························· 91

课题六 异议处理与签约成交 ···················· 97
    任务一 客户异议处理 ·························· 98
    任务二 处理异议的方法 ······················· 102
    任务三 签约成交 ····························· 107

Contents

课题七 交车服务与售后跟踪服务 ·················· **117**

    任务一 交车前的准备 ·················· 118

    任务二 交车流程 ·················· 125

    任务三 售后跟踪服务 ·················· 131

课题八 汽车销售增值服务 ·················· **139**

    任务一 汽车保险 ·················· 140

    任务二 汽车贷款 ·················· 148

    任务三 汽车购买手续的代理服务 ·················· 154

参考文献 ·················· **160**

课题一

我国汽车市场的发展历程和未来发展趋势

[知识目标]

1. 了解我国汽车市场的发展历程。
2. 了解我国汽车市场的未来发展趋势。

[能力目标]

1. 能够自主查找和梳理我国汽车市场现状相关资料。
2. 能够描述目前我国汽车技术发展战略。

任务一　我国汽车市场的发展历程

在 1994 年以前，汽车作为国家重要的"一类物资"之一，与钢材、粮食等一起，按国家的既定计划进行生产，调拨规格和数量完全由国家来定；所有的汽车销售渠道也完全由政府控制；汽车生产和消费在严格的数字约束下进行；当时政府官员对下一年汽车产销量的'预测'发言总是极其准确。因为产销量是早就规划好的，根本不由市场决定，所以这个阶段根本谈不上营销。

在 1984—1985 年，国家实行计划、市场双轨制，允许企业超产部分汽车自销。此时'中间人'出现了。资源掌握在少数人手里，以计划价格购进，再以很高的市场价卖出，把价格炒到很高。"中间人"们利用权力掌控资源，在"倒买倒卖"中赚取高额利润并带动了汽车投资热，造成了畸形的"市场繁荣"；与此相反，"汽车市场营销"的萌芽被遏制。

中国汽车销售体系发生根本性的改变是在 1994 年。国务院颁布了《汽车工业产业政策》，在"销售与价格政策"中明确指出"鼓励汽车工业企业按照国际上通行的原则和模式自行建立产品销售系统和售后服务系统"。1996 年开始，汽车市场基本放开，汽车价格开始下跌，红旗、桑塔纳大幅降价，给整个车坛带来了强烈震荡，第一次价格战开始。

汽车市场营销的标志性事件应该是 1998 年通用、本田等公司带来了品牌专卖的模式。在此以前，上汽大众厂家、商家共同出资，按照 4S 店的标准建立品牌专卖店，但是因为这个模式下厂家的投资太大，而且基本没有代理的概念，所以推行不下去。

此后，汽车生产企业的自主的销售体系逐渐壮大，并成为中国汽车销售的主渠道。2001 年以后，品牌专卖成了主流，几乎所有的厂家都搞 4S 店。一些简单的销售服务、营销策略开始应用和发展。直到 2002 年全国轿车产销量首次突破百万辆。全年轿车产销量持续高增长，几乎没有淡旺季之分，汽车销售形势似乎一片大好。目前，中国汽车市场已然成为全球最大的市场之一，其高速增长及不断发展变化是全球汽车发展的重要力量。随着燃油车步入存量时代，中国汽车后市场迎来历史拐点：车龄增长驱动售后产值持续提升；新能源汽车加速渗透，新四化重塑售后市场价值高地和市场格局。在整体行业巨变下，后市场行业格局也迎来洗牌。

任务二　我国汽车市场的未来发展趋势

一、国内汽车市场增长快，市场潜力巨大

就目前的大环境而言，我国仍处于工业化和城镇化同步加速发展的阶段。国内生产总值和居民收入将持续增长，国家也将继续出台有利于扩大内需的各项政策，加之二、三线城市及农村市场的汽车需求增加，预计我国汽车消费市场将进一步扩大。

随着全球经济下行压力增大，自2016年来，全球汽车产量增速不断放缓，2019年产量出现下降，2020年加之受疫情的影响，全球汽车市场持续低迷，产量仅为7 762.2万辆，较2019年的9 217.6万辆同比下降15.8%。2021年全年，中国汽车产销量分别为2608.2万辆和2627.5万辆，同比增长3.4%和3.8%，如图1-1所示。在销量上从2018年的负2.8%，2019年的负8.2%，2020年的负1.9%，到2021年终于实现正增长，其中新能源车年销量达352.1万辆，同比增长157%，是带动增长的主力军。2021年全年，中国品牌乘用车共销售954.3万辆，同比增长23.1%，占乘用车销售总量的44.4%，占有率比上年同期提升6%。

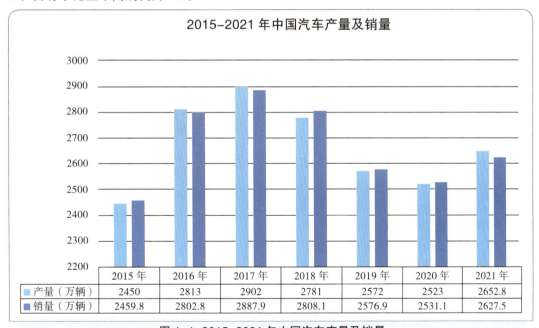

图1-1　2015-2021年中国汽车产量及销量

通过多年来对新能源汽车整个产业链的培育，各个环节逐步成熟，丰富和多元化的新能源汽车产品不断满足市场需求，使用环境也在逐步优化和改进，在这些措施之下，新能源汽车越来越受到消费者的认可，2020年，新能源汽车产销分别为136.6万辆和136.7万辆，同比分别增长7.5%和10.9%，全年市场销售好于预期。我国新能源汽车市场也将从政策驱动向市场驱动转变。尤其是

课题一 我国汽车市场的发展历程和未来发展趋势

在《新能源汽车产业发展规划（2021—2035年）》大力推动下，新能源汽车市场未来将有望迎来持续快速增长。新能源汽车的产销量逐年增加，在总体车辆中的渗透率逐年增加，如图1-2所示。

图1-2 新能源汽车的渗透率逐年增加

二、我国将逐步由汽车制造大国向制造强国转变

我国是一个汽车制造大国，汽车生产量巨大，如图1-3所示。近年来，具有国际竞争力的国内知名汽车企业逐渐涌现；汽车生产核心技术和新技术逐渐为国内企业所掌握；出口规模逐年扩大。我国已经具备了向汽车制造强国转变的基础。为了实现转变的目标，国家和地方政府加大了自主品牌的扶持力度。随着整车及汽车零部件支持政策的陆续颁布，未来行业的发展重点着重体现在加强自主品牌企业技术开发力度上；鼓励提高研发能力和技术创新能力；积极开发具有自主知识产权的产品和实施品牌经营战略上。未来自主品牌汽车产品所占的市场份额可望逐步扩大，技术实力也会迅速提升。中国的汽车市场将逐步由汽车制造大国向制造强国转变。

图1-3 汽车生产线

三、新能源、智能网联汽车是我国汽车发展的主要方向

当前，全球新一轮科技革命和产业变革蓬勃发展，汽车与能源、交通、信息通信等领域有关技术加速融合，电动化、网联化、智能化成为汽车产业的发展潮流和趋势。新能源汽车融汇新能源、新材料和互联网、大数据、人工智能等多种变革性技术，推动汽车从单纯交通工具向移动智能终端、储能单元和数字空间转变，带动能源、交通、信息通信基础设施改造升级，促进能源消费结构优化、交通体系和城市运行智能化水平提升，对建设清洁美丽世界、构建人类命运共同体具有重要意义。近年来，世界主要汽车大国纷纷加强战略谋划、强化政策支持，跨国汽车企业加大研发投入、完

善产业布局，新能源汽车已成为全球汽车产业转型发展的主要方向和促进世界经济持续增长的重要引擎。

发展新能源汽车是我国从汽车大国迈向汽车强国的必由之路，是应对气候变化、推动绿色发展的战略举措。2012年国务院发布《节能与新能源汽车产业发展规划（2012—2020年）》以来，我国坚持纯电驱动战略取向，新能源汽车产业发展取得了巨大成就，成为世界汽车产业发展转型的重要力量之一。与此同时，我国新能源汽车发展也面临核心技术创新能力不强、质量保障体系有待完善、基础设施建设仍显滞后、产业生态尚不健全、市场竞争日益加剧等问题。为推动新能源汽车产业高质量发展，加快建设汽车强国，2020年11月国务院发布《新能源汽车产业发展规划（2021-2035）》。

在2020世界智能网联汽车大会上，《智能网联汽车技术路线图2.0》发布，该路线图对智能网联汽车的发展路线、愿景和战略目标进行详细介绍。根据技术路线图2.0，目标到2035年，智能网联汽车技术和产业体系全面建成，产业生态健全完善，整车智能化水平显著提升，网联式高度自动驾驶智能网联汽车大规模应用。智能网联汽车核心技术处于国际领先水平，有效推动汽车产业转型升级，新兴产业经济重构和安全、高效、绿色的汽车社会文明形成。

智能网联汽车"三横两纵"技术架构涉及整车零部件、信息通信、智能交通、地图定位等领域。其中，"三横"指车辆关键技术、信息交互关键技术与基础支撑关键技术；"两纵"指支撑智能网联汽车发展的车载平台与基础设施（大数据平台、定位基站）。

市场应用方面，技术路线图2.0提出，2020-2025年，PA级（L2）、CA级（L3）的智能网联汽车销量占当年汽车总销量的比例超过50%，HA级（L4）智能网联汽车开始进入市场，C-V2X终端新车装配率达到50%，并且在特定场景和限定区域开展HA（L4）级车辆商业化应用；2026-2030年，PA级（L2）、CA级（L3）的智能网联汽车销量占比超过70%，HA级（L4）车辆在高速公路广泛应用，在部分城市道路规模化应用；2031-2035年，各类网联式高度自动驾驶车辆广泛运行于中国广大地区。

在乘用车领域，2025年实现CA级（L3）规模化应用，HA级（L4）初步应用；2030年实现HA级（L4）规模化应用；2035年FA级（L5）开始进入应用。商用车领域的发展节奏与乘用车相近。

此次路线图的发布，意味着中国版智能网联汽车发展战略形成，将成为国际汽车发展体系的重要组成部分。同时，政策法规体系、技术标准体系、产品安全体系、运行监管体系建设将不断完善。

图1-4 节能环保汽车

四、我国汽车市场在全球地位越来越突出

我国汽车产销总量已经连续多年位居全球第一，并在"电动化、网联化、智能化"方面取得巨大的进步。我国作为汽车大国的地位进一步巩固，正向汽车强国迈进。未来，中国汽车行业将继续积极拥抱新一轮科技革命，坚持创新驱动，加快融入新发展格局，成为推动全球汽车行业转型升级的领跑者。

课题一 我国汽车市场的发展历程和未来发展趋势

简答题:
1. 1998年通用、本田等公司为汽车市场带来了什么营销模式?

2. 我国轿车销量首次突破百万辆是哪年?

3. 我国乘用车产、销首次突破2 000万辆是哪年?

课题二

汽车销售顾问的基本素养

[知识目标]

1. 掌握销售顾问的售前准备的相关内容。
2. 熟悉销售顾问的素质要求。

[能力目标]

1. 能够按照要求进行售前的各项准备工作。
2. 能够按礼仪要求进行客户接待。

课题二 汽车销售顾问的基本素养

任务一 销售顾问的售前准备

一、掌握汽车销售的业务知识

汽车销售顾问在为客户提供服务活动之前，必须掌握能够满足客户需求的相关业务知识，包括汽车产品的专业知识、竞争汽车品牌的销售情况、所在销售区域的汽车市场情况等。销售顾问在销售过程当中，只有掌握了这些基本知识，才能及时地回答顾客提出的各种问题、消除顾客的各种疑虑，顺利地达成交易。

1. 掌握自身企业的汽车产品知识

就品牌4S店而言，一个品牌有十多个车型的汽车产品，所以销售过程中销售顾问花在产品认识上的时间与精力比花在其他工作上的时间要多得多。如果销售顾问对自身销售的品牌车型没有一个正确的认识，不熟悉所销售车型的相关功能、参数以及保养维护等方面的知识，就会一知半解，不利于自己的销售。从客户的决策过程看，客户在决定购买前，一定希望汽车销售顾问对他们提出的任何问题都能给予一个满意的答复，所以只要客户有一点疑虑，就可能让整个销售工作前功尽弃。因此，丰富的产品专业知识是汽车销售过程中的核心。要想成为一名专业的汽车销售顾问，就必须非常熟悉自身企业所售的品牌车型。

（1）熟悉品牌

熟悉汽车品牌的创建历史，了解品牌在汽车业界的地位与价值，以及世界汽车工业发展的历史，对一些影响汽车工业发展的历史事件要知底，耳熟能详。此外，熟悉制造商的情况，包括设立的时间、成长历史、企业文化、产品的升级计划、新产品的研发情况、企业未来的发展目标等。

（2）熟悉产品

熟悉汽车产品的结构与原理，以面对某些追新求异的客户，在新技术的诠释上超过竞争对手。熟悉应用于汽车的新技术、新概念，如 FCW、AEB、LDW、BSD、APS、全铝车身、蓝牙技术等，以便与其他竞争产品比较优势与卖点等。只有熟悉汽车的结构与原理、主要功能、保养检测知识，了解各种汽车的型号、用途、特点和价格，才能当好客户的"参谋"，及时回答客户提出的各种问题，消除客户的各种疑虑，促成交易。

（3）熟悉销售细节

熟悉汽车销售工作中每个环节及细节，如进货、验收、运输、存车、定价、广告促销、销售、售后服务、信息反馈等，以及在洽谈基础上签订合同、开票出库等手续。此外，还要熟悉销售服务中的各个环节，如加油、办移动证、工商验证等。

2. 掌握竞争对手的汽车产品知识

兵法云：知己知彼，百战不殆。汽车销售顾问在充分了解自身企业的汽车产品知识的同时，还必须了解竞争对手，包括相关产品、服务的一些情况。

（1）品牌优势

掌握竞争对手的品牌优势，包括竞争对手的品牌历史、品牌知名度及影响力、品牌所能给予客户的附加值等。

（2）产品优势

掌握竞争对手的产品优势，包括竞争对手产品的技术特点、性能水平、重要差别、销售情况、相对的优缺点等。

（3）特殊销售政策

掌握竞争对手的特殊销售政策，包括竞争对手的各类优惠活动，不论是正在进行的，还是已经进行过的。此外，还有竞争对手给予客户的承诺等。

（4）销售商的情况

掌握竞争对手的销售商情况，包括销售商的成长历史、企业文化现状、企业领导人的特质、销售顾问的专业能力、客户对他们的评价等。

一般情况下，客户在选购汽车产品时，会要求销售顾问对同类产品进行比较。此时如果销售顾问不清楚竞争产品与竞争商家的情况，就很难向客户阐明自己的销售特色，从而影响他们的决策。当客户要求比较和评价时，切忌做出负面的评价，这是专业汽车销售顾问最基本的常识，但也不能对竞争产品倍加赞赏。从消费心理看，如果按照客户的要求说明竞争对手的劣势，则他们会从心理上拉大与销售顾问的距离。这不利于打消客户的异议。特别是在客户已经认同竞争对手及其产品时，这样做起到的负面作用更加明显。

二、掌握客户的消费行为

销售顾问既需要了解所销售的产品，又需要了解销售的服务对象即客户，更准确地说，是客户的消费行为。诸如客户的采购政策、购买模式、习惯偏好以及客户提出的产品服务等都属于客户的消费行为。可以说，一个优秀的汽车销售顾问不仅能根据产品价格来理解潜在客户，而且应该从客户常见的消费行为来了解真正的客户。

1. 消费行为的指向

消费行为是一个社会科学的概念，通常是指消费者在正常情况下的普遍行为倾向。也正是这些普遍的行为倾向，可以向我们揭示客户在做采购决策时的思维模式。

有这样一个案例：一对年轻夫妇进入某4S店采购轿车。在短暂的交谈过程中，销售顾问很快就有效地掌握了这个潜在客户的倾向。如他们有知识、有判断能力，并在来店之前对产品做了足够的了解等。无疑，这对夫妇在汽车采购问题上相当成熟。他们不会在不了解销售顾问所推荐的车型之前就谈论价钱，会去其他的销售商那里进行比较，而且清楚应该比较什么。这一切，销售顾问都心知肚明。一个优秀的销售顾问如果不能深刻地理解潜在客户的普遍行为倾向，那么这个销售过程就是一个无序的没有方向指点的过程。在销售过程中，这个销售顾问并不是就车论车，而是注意到了客户的业余爱好，有意识地根据这个客户的特点，诚恳地告知客户一个比公开价格低一些的价格作为议价的起点。这种深刻理解客户消费行为的表现，最终促成了一单交易。

显然，上面这个案例的成功之处在于销售顾问集中智慧仔细审视了客户的消费行为。那么消费行为到底是什么？究竟有多大的作用呢？

消费行为是一种表现在客户采购产品时的行为倾向。通常，客户在面对消费活动，尤其是大宗消费时，会表现得很谨慎、小心、警觉，并伴随着或轻或重的敏感、激动和兴奋。客户会询问许多他们不明白的问题，以疏解他们内心的疑虑。客户会运用各种可能调查、了解他所面对的销售顾问，包括用眼睛观察、用耳朵倾听、用四肢感知、用大脑思考等，会集合所有收集到的信息做最后的判断。客户会看销售顾问的衣着，看销售顾问推荐的产品，判断他们是否符合他们内心的需求和需要。客户感受着展厅内大厅的气氛、布置，甚至努力地从展厅内其他客户的表现上来感受商家和销售顾问的声誉。客户不仅观察销售顾问的举止、谈吐，还分析销售顾问说的话。以上所有这些都是消费行为的表现。

客户的消费行为即言谈举止，都在揭示着他的内心世界以及他的价值观。如销售顾问向客户推荐无级变速的汽车，并向他描述这种功能为操控汽车所带来的舒畅感觉，但是这个客户却更加关注手动挡的控制感和起动时的力度感，这就是价值观的不同。遇到这样的情况时，没有受过训练的销售顾问通常都会努力说明无级变速才是汽车发展的方向，无级变速才有更大的驾乘快感，并试图让客户接受你自以为很新的观点，以形成对汽车的新看法和价值判断尺度。但销售顾问是否认真想过，客户真的会从内心接受你的观点和看法吗？也许表面上这个客户会说："是的，汽车行业流行的趋势的确是无级变速"。但其实客户仍然在坚决地否定你的看法，他会问你："你开了多长时间车了"？这只是另一种表示异议的说法。如果这时你仍然坚持自己的看法，恐怕就会永远失去这个客户了。

在客户表现出的种种消费行为面前，销售顾问能够做的就是争取获得客户的信任，努力影响客户最后的判断。许多销售顾问认为应该努力先让客户喜欢上自己推荐的产品，或者一些初级的销售顾问努力完成的第一件事就是签约。签约固然重要，但不是简简单单就能做到的事。销售顾问应该看到，从客户的第一次拜访到最后的签约成交是一个漫长的过程，对于价格较高的产品尤其如此。销售顾问要达到影响客户的目的，最重要的第一步就是获得客户的信任。但要获得一个陌生人的信任是一个非常艰巨的挑战，即便是受过特殊训练的销售顾问也不容易。这一切都需要时间，因为要赢得一个人的信任，首先就得了解这个人，了解他的文化，了解他的思想，了解他的价值观，了解他喜欢什么、憎恨什么。但没有足够的时间、没有足够的机会，不可能在较短的时间内完全了解一个陌生人。

如同绝大多数的人一样，客户在沟通中，一定会通过他们的提问、行为举止以及他们的议论，流露出他们的思想、观点，表明什么要素才是符合他们需要的好车。这些就是销售顾问必须要掌握的消费行为。

2. 销售行为的影响因素

潜在客户只有具备了三个因素才有可能进店看车：资金、决定权以及需求。在这三个条件中，最重要的应该是需求，因为没有需求，就不会来看车。但也不能没有其他两个条件，因为有了需求却没有资金也不行。即便有了需求，也有了资金，若没有对资金的掌控力，通常也不会来看车。

即便有了资金、决定权、需求，客户仍然有可能不会成为你的客户，因为竞争对手太多，可以选择的余地太大。因此，作为销售顾问，必须弄清楚客户为什么会选择某个销售商来采购汽车。

这通常有两个原因，即销售商的实力和销售商展示出来的售后服务能力。实力强大的销售商能够满足客户对可信度的心理需求；而良好的售后服务则不但能满足客户对可信度的心理需求，更能在行动上切切实实地给客户以保证。也许很多销售顾问会自信地说："客户选择我们展厅的车是因为我们卓越的销售能力"。事实究竟如何呢？无疑，赢得客户信任的销售顾问，完全可以影响客户采购汽车的决策。但大多数情况下，销售商的实力以及展示出来的售后服务能力，才是一个客户更为看重的地方。显然，销售商的实力不是销售顾问的技巧可以提高的，因为销售顾问的技巧再高也不对增加销售商的投资起到多大的作用。不过，销售商展示出来的售后服务能力却是销售顾问有机会表现出来的东西。反过来说，如果销售技巧低劣，即便有良好的售后服务能力，客户也无法理解或感受到。所以，销售顾问个人的销售能力至少展示着一个销售商售后服务的好坏。

在分析具体的消费行为时，销售顾问必须清楚他们面对的潜在客户是有理智、有自己思考能力的人。客户在进入一个销售顾问的展厅之后还会访问其他展厅。他们很重视建立信任关系并常常受其影响，在进展厅前一定阅读了相应的与汽车有关的资料。如果他们认为自己不太懂汽车，就一定会邀请一些懂汽车的朋友陪同他们前来观看。他们在决策时通常喜欢听取周围人的意见。他们的决策容易受到他们认为懂汽车的人的影响，同时更加注重汽车是否满足自己的需要等。

三、端正汽车销售顾问的工作态度

身为一名汽车销售顾问，最大的阻碍不是别人而是自己。对汽车销售工作的态度积极与否直接影响到销售的成败。

课题二 汽车销售顾问的基本素养

1. 消极的工作态度

（1）不充实专业知识

汽车行业目前在我国迅猛发展。大多数人都看到了汽车发展的前景，从而进入汽车的各个岗位工作。但汽车销售顾问缺乏相对的专业知识是很普遍的情况。很多人在做汽车销售以前都不属于汽车行业，有的甚至连简单的汽车标志都不认识。专业销售顾问的缺乏，加上国家教育的滞后，导致了一些非对口专业的人才进入汽车销售行业。这些人通常只接受了简单的培训，就去和客户交流。由于没有学习过相应的专业知识，也没有掌握一些熟练的销售技巧，所以他们离开了资料就不会说，或被问到资料以外的问题就哑口了，也不会去分析和了解客户。这样自然就导致了客户对销售顾问的不信任，无法让客户了解本公司的品牌和优势所在。

（2）微笑难见

微笑是人类最基本的动作，是对成功的嘉奖。笑不仅能拉近两个陌生人之间的距离，也能让人心情和身心更加轻松。对销售顾问来说，不论是从容面对，还是尴尬难堪，微笑往往是最好的解决办法。一个好的微笑，就是一个好的开始。微笑能让客户感到一种亲切感，自然加大了对销售顾问的信任。

微笑这样重要，但很多汽车销售顾问却笑得不自然、很勉强。他们通常在遇到客户的刁难，感觉自己面子有损的时候，脸色立马就会发生变化。而且这样的情绪会长时期地伴随着，会一直影响下去，影响自己，甚至会延续到下一个来店的客户。在很多汽车4S店中，我们经常可以看到这样的情形：客户进店的时候，销售顾问立马主动相迎，用自己一辈子最好看的微笑去迎接。但是当客户不买的时候，销售顾问的脸色会发生很大的变化，特别当客户进行刁难的时候，客户走后销售顾问往往还会在后面进行谩骂，更别说礼送客户离开了。

（3）日常工作完成不积极

对汽车销售没有深刻理解的人，往往认为销售顾问的任务就是吸引客户、将车卖出去，这其实是一种非常肤浅的认识。汽车销售顾问在工作中不只是要卖车，还要进行客户挖掘。要对到店的客户进行及时的追踪、回访，因为这些能增加客户对公司的印象，确保客户资源不流失，并得到更多的新客户。但是在一些汽车销售顾问中，这些都没有去做或者做了但没到位。他们在接待一些客户时，常常根据自己的主观思想去判断客户的购车意向。如果销售顾问感到客户没有多大的购车意向，就不会去询问客户的基本信息、情况，并索要对方的名片。这样就造成了很多客户资源的遗漏，使得一些有购买意向的客户信息流失，为企业带来巨大的损失。

2. 积极的工作态度

在汽车行业中，销售顾问的首要任务是实现"顾问"的角色，以丰富的专业知识技巧，给客户提供客观的专业咨询，通过由浅入深的交流与沟通，博得客户的青睐，赢得销售工作的春天。

因此，汽车销售顾问应当做到比客户的知识面更广，比客户更了解客户。很多客户来店看车，其实并不一定明白自身的购车需求。特别是一些对汽车产品极不了解的客户，当问及他们需要选购什么样的汽车产品时，还会提出一些不相关甚至是不切实际的要求。这些都是不了解自身需求的表现。显然，客户从萌发购车欲望到最终完成购买，要经历一个相对漫长的过程，即从初期的羡慕到心动，直到需要。在前三个阶段中，只是一种想法而已，并不可能落实到行动上。此时，销售顾问要做的工作就是如何让这个过程缩短，加速客户购买心理变化，抢在竞争对手之前让他们的需求与欲望明确化，最终达到销售的目标。要实现这种变化，销售顾问就必须能够透视客户心理、明确客户的需求，也就是说比客户对自己的了解还要深入、准确。此外，客户是各种各样的，他们的职业经历、职业背景、专业特征各不相同，与他们的沟通必须因人而异，根据个体的特征针对性地做出处理。

销售顾问要成功地与客户沟通，准确地把握客户的需求，促动客户的心理需求变化，不但必须掌握和运用一些基本的推销技术和谈判技巧，而且要有积极的销售工作态度，如图2-1所示。

图2-1 汽车销售顾问风采

（1）做个有心人

"处处留心皆学问"，销售顾问要善于总结销售经验，养成勤于思考的习惯，每天对自己的工作进行总结，看看哪些地方做得好，为什么？哪些地方做得不好，为什么？只有多问自己几个为什么，才能发现工作中的不足，促使自己不断改进工作方法。只有提升能力，才可抓住机会。

机遇对每个人来说都是平等的，只要你是有心人，就一定能成为行业的佼佼者。如中国台湾企业家王永庆在刚开始经营自己的米店时，就记录客户每次买米的时间，记录客户家里几口人，然后算出客户家的米能吃几天，待其快到吃完时，就把米给客户送过去。正是王永庆的这种细心，才使得他的事业发展壮大。

作为一名汽车销售顾问，客户的每一点变化都要去了解，努力把握每一个细节。做个有心人，不断地提高自己，去开创更精彩的人生。

（2）熟悉产品，明确自身职责

销售顾问不仅要熟悉自己销售的产品，还要了解客户的消费行为以及自我态度。同时，还要充分理解自己的工作环境，熟悉公司的业务范围和与岗位有关的客户情况。只有熟知自己的工作性质和工作任务，才能明了销售岗位的要求以及责任。这些方面的内容越详细清楚，对自己就越有帮助，所以必须牢记在心。如果销售顾问认同本企业文化，就要使自己的价值观与企业倡导的价值观相吻合，以便进入企业后，自觉地将自己融入整个团队，以企业文化来约束自己的行为，为企业尽职尽责。

（3）真诚、自信，富有热情

态度是决定一个人做事能否成功的基本要求。作为一个销售顾问，必须抱着一颗真诚的心，诚恳地对待客户、对待同事。销售顾问是企业的形象，是企业素质的体现，是连接企业与社会、消费者、经销商的枢纽。因此，销售顾问直接影响着企业的产品销量。

自信心是一种力量。首先，销售顾问要对自己有信心，每天工作开始的时候，都要鼓励自己，要能看到公司和自己产品的优势，并把这些熟记于心。要和对手竞争，就要有自己的优势。要用一种必胜的信念去面对客户和消费者。被称为汽车销售大王的世界吉尼斯纪录创造者乔·吉拉德，曾在一年中零售推销汽车1 600多辆，平均每天推销将近5辆。他去应聘汽车推销员时，老板曾问他，你推销过汽车吗？他说，没有，但是我推销过日用品、电器。我能够推销它们，就说明我能够推销自己，当然也能够推销汽车。知道没有力量，相信才有力量。乔·吉拉德之所以能够成功，是因为他有一种自信，相信自己可以做到。

热情是一种具有感染力的情感，能够带动周围的人去关注某些事情。当销售顾问很热情地与客户交流时，客户通常也会"投之以李，报之以桃"。例如，当销售顾问在路上行走时，正好碰到客户，该如何呢？销售顾问应伸出手，很热情地与对方寒暄。也许，这名客户很久没有碰到这么看重他的人了，结果，或许就因为销售顾问的热情，而促成了一笔新的交易。

（4）树立专业形象，掌握销售技巧

汽车产品与其他的产品有极大的不同，销售环境各具特色，技术含量非常高。因此，汽车销售顾问能否在客户面前营造专业的形象，显得尤为重要。在与客户的迎来送往中，销售顾问应通过专业的言行举止，让客户感受到销售顾问的专业性，从而增强产品的销售力，达到与客户之间的良好沟通。

在实际的销售过程中，一些销售顾问不太注意这方面的细节，如：口腔的卫生影响了客户的倾听效果；不整洁的衣着影响了客户对销售顾问专业性的判断；不礼貌地打断对方的谈话，影响了客户对自己购车要求与目标的介绍；不标准的用语影响了产品介绍中客户的理解，以及在与客户洽谈中不时地接听电话等。凡此种种行为，都严重损害了销售顾问的专业形象。所以，很多原本对汽车产品非常感兴趣的客户，在经过一个简短的沟通后却不辞而别，也没有留下任何理由。对此，有些销售顾问根本摸不清头脑。这里，要提醒销售顾问的是，如果遇到客户突然改变决定的情况，就要回顾一下刚才的销售过程哪里出现了问题，尤其要审视一下礼仪与规范方面的问题。

汽车销售之所以发生障碍、成交效率之所以低下，还有一个很重要的原因，就是汽车销售顾问没有掌握汽车销售的专业技巧。他们不知道如何拜访客户，不知道如何进行电话跟踪，不知道应该如何进行产品介绍和展示，不知道什么时候应该向客户提出成交要求，客户的哪些变化预示销售即将接近成功或已经功亏一篑，不知道如何有效处理客户的异议，更不知道如处理客户的投诉等。这些都是一个汽车销售顾问必须学习和熟练掌握的内容。

（5）有效管理和利用时间

汽车销售工作是一个随机性很强的工作，特别是展厅销售，没有办法预测今天会接待几个客户，达成几笔交易。正是这样的特点，导致很多销售顾问对自己每天的时间缺乏一个有效的安排，如接待客户花多少时间，拜访客户花多少时间，电话联系与追踪又要多少时间。如果不仔细研究他们的时间利用情况，就会发现他们每天特别忙碌，而工作效率却不高。

销售顾问的时间管理对于他们的成长和专业化能力的提升，都是一个至关重要的问题。同样的时间，不同的销售顾问做出了大相径庭的工作业绩，这就是在时间管理上的巨大差异。总的来说，不论销售顾问的时间安排如何，以下几个方面都不可或缺。

1）每天下班前做当天工作的小结

建议销售顾问每天做如下小结：当天接待或拜访了多少位客户，他们的相关特征是什么，购买的倾向性如何，他们为什么要买汽车，购买的标准和条件为何，投资额在什么范围，最需要解决的问题是什么，阻碍他们下决心的原因是什么，最终做决策的人是谁。

2）下一天的工作安排

建议销售顾问做下一天工作计划：下一天有哪些工作要做，重点是什么，应该占用多少时间，哪些事情应该先做，哪些事情后做，要与哪些部门协调，准备解决哪些问题。

3）每天的学习安排

建议销售顾问做每天专业知识学习安排计划：应该学习哪些汽车专业方面的知识，安排在什么时间，安排多少时间。

前国家足球队总教练米卢说：心态决定一切！世界上没有卑微的工作，只有卑微的工作态度。作为一个销售顾问，只有用谦卑的心态、积极的工作态度去面对每一天的工作，才能创造出不凡的业绩。

四、学习汽车销售顾问的销售技巧

1. 如何识别潜在客户

识别潜在客户可以有许多线索来源，如现有客户、供应商、产业协会、工商名录、电话簿、报刊等。

2. 如何准备访问

在识别出潜在客户后，就要确定访问的目标客户，尽可能多地收集目标客户的情况，并有针对性地拟定访问时间、访问方法和销售战略。

3. 如何接近客户

销售顾问应该准备好初次与客户交往时的问候，以自己良好的行为举止促使双方关系有一个良好的开端。

4. 如何展示与介绍产品

销售顾问应知道如何才能引起客户注意、使客户产生兴趣、激发客户购买欲望，最后使之付诸购买行动。

5. 如何应付反对意见

销售顾问在向客户介绍和推销产品时，客户一般会产生抵触心理，并提出反对的看法。这时销售顾问就需要有相应的技巧，引导客户的情绪，使他们放弃反对意见，接受自己的建议和观点。

6. 如何帮助客户投资

汽车消费中，有相当一部分是家庭消费投资。对于这类客户而言，他们手中的资金有限，如何有效利用有限的资金达成更高的购买目标是他们关注的目标。如果销售顾问具备较为专业的投资理财方面的知识，提供一些这方面的技巧，将会在消费者购车的过程中帮助他们选择到适合自己的车型、购车的投资、付款方式，协助客户以最有效的投资组合方式获得多方面的投资效益。

7. 如何达成交易

销售顾问需要掌握如何判断和把握交易时机的技巧。他们必须懂得如何从客户的语言、动作、评论和提出的问题中发现可以达成交易的信号。

8. 如何展开后续工作

交易达成后，销售顾问需要着手认真履行合同，保证按时、按质、按量交货，并就产品的安装、使用、保养、维修等做好指导和服务。这些后续工作是使客户满意、实现重复购买的必要条件。销售顾问必须充分重视，以积极的态度、不折不扣地去完成销售工作中的各项内容。客户一旦对产品产生了兴趣，双方就要着手就价格、信用、交货时间等条件进行谈判。交易能否最后达成，谈判技巧很重要，这里包括何时开始谈判、明确谈判战略战术等。

任务二 销售顾问的素质要求

随着人民消费水平和消费意识的不断提高,对汽车销售顾问的专业水准要求也越来越高。那么,一个合格的汽车销售顾问究竟需要具备哪些基本素质呢?这是每一个汽车销售顾问都应该认真思考的问题

一、良好的职业道德

1. 职业道德的概念

职业道德是指从事一定职业的人们,在其履行职业职责的过程中应遵循的特定的职业思想、行为准则和规范,是与之相适应的道德观念、道德意识、道德活动的总和,是一般社会道德在特定的职业活动中的体现。

汽车销售顾问必须保持良好的职业道德。良好的职业道德是建立市场经济的前提。不正当的商业行为往往破坏市场机制的调节作用,对市场经济的良性运行造成致命的危害。

2. 职业守则

(1) 爱岗敬业

爱岗敬业是汽车销售顾问做好本职工作所应具备的基本的思想品格,是产生乐业的思想动力。爱岗就是热爱本职工作;敬业就是要用一种恭敬严肃的态度对待自己的工作,提倡"干一行、爱一行、专一行"。

(2) 诚实守信

诚实守信是为人之本、从业之要。诚信是市场经济的基本规则,是我们为人处世的根本要求。一个人在成就事业的职业活动中,诚信同样是至关重要的从业品质。

（3）遵纪守法

遵纪守法是汽车销售顾问正常进行销售活动的重要保证。汽车销售顾问必须遵守职业纪律和相关的法律、法规和政策，遵守职业道德。遵守法律、法规的前提是学习相关的知识，提高对法律、政策的领会能力，并运用法律武器和政策精神维护自身的利益。

（4）办事公道

办事公道是指人们在处理问题时，特别是在销售抢手汽车时，绝不因人异、亲疏有别，更不能趋附权势，应站在公正的立场，秉公办事、平等相待、一视同仁。这是汽车销售顾问开展活动的根本要求。

（5）团结互助

团结互助是作为处理汽车销售顾问之间和集体之间的重要的道德规范。它要求销售顾问顾全大局，互相配合；以诚相待，互相尊重；谦虚谨慎，互相学习；加强协作，互相帮助。通过同事之间、部门之间的团结协作，实现共同发展。

二、基本的接待礼仪

1. 仪容、仪表

仪容、仪表，通常指人的外貌和外表，包括人的容貌、姿态、服饰和个人卫生等，是精神气质的外在表现。有研究表明，仪容举止比有声语言更能打动人心。作为一名长期与客户打交道的汽车销售顾问，端庄亲切的仪容、恰当得体的仪表，带给客户的不仅是舒适的观感，更是难得的信赖。

（1）化妆礼仪

爱美之心，人皆有之。销售顾问掌握化妆礼仪，不仅是个人爱美天性的表现，也是工作礼仪的需要。

1）妆容要求

汽车销售顾问的妆容，应注重"和谐自然"，避免浓妆艳抹或过分夸张的修饰；同时，做好面部的清洁和护理，保持口腔清洁，牙缝无异物。

若是女性销售顾问，上班时间应以淡妆为主，保持面部清洁，头发梳理简洁有型。若需要发卡、发带等装饰物，色彩宜以蓝、灰、棕、黑为佳，使之朴实无华。总之，在"自然和谐"的前提下，可以根据自身的特点采取适当的方式，以突出优点、修饰不足，达到自然美与修饰美的和谐统一，如图2-2所示。相比女性销售顾问，在汽车销售岗位上的男士妆容可以简单些，确保面部整洁、头发健康有光泽且长短适中即可。

图 2-2 脸部仪容

2）化妆品的选用

化妆品种类繁多，功能各异。选择时，要根据自身特点和职场要求，选择适合自己的化妆品。选择化妆品通常可从以从下几个方面考虑。

① 适合自己肤色、肤质的化妆品

肤色、肤质不一样，选用的化妆品也应有所区别。否则，不但达不到修饰美容的效果，甚至适得其反，比如面部护理。若是中性肤质，则宜选择普通泡沫面乳，洗脸后再用清爽型的化妆水或油分较多的乳液；若肤质呈干性，则宜选用无泡沫的洁面乳或清洁霜，洗脸后可用乳液或面霜敷面；若肤质呈油性，则宜选用清洁力强的皂剂类或泡沫面乳，洗脸后不可使用含油分的乳液或面霜，可涂些收敛性的化妆水。

② 适合自己职场风格的化妆品

汽车销售顾问的职场妆容应以淡雅、清爽为原则，不应涂带颜色的指甲油，也不要使用具有浓烈香味的香水。此外，长长的睫毛、颜色鲜艳无比的口红等都应避免使用。

③ 选择质量过硬的化妆品

使用化妆品的质量也很关键。质量过差的化妆品不但效果不佳，还可能影响身体健康。因此，选择化妆品时，应留意化妆品的质地、气味和色泽等要素，应挑选那些质地精细、气味纯正、色泽鲜亮的产品。

3）化妆注意事项

- 面部修饰，洁净、卫生、自然即可。
- 手指应干净卫生，不可留长指甲。
- 确保头发整洁，美化头发时应慎选发型，以简单优雅为准。
- 化妆应适当，不可过于夸张，以淡雅为好。

（2）着装礼仪

衣着反映了个人的审美水平、道德观和礼仪水平。在特定的场合，如何着装更代表着一种礼仪和尊重。在宽敞明亮的售车大厅里，汽车销售顾问良好的着装礼仪，不仅展示了潇洒干练的个人风采，更表现了敬业、乐业的职业精神，传达了可靠、专业的企业形象，如图2-3所示。

1）着装原则

着装得体是一门学问。若汽车销售顾问希望个人着装恰当得体、富有魅力，则需要遵循以下原则。

① 整体性原则

正确的着装要能与形体、容貌等形成和谐的整体美。

图2-3 着装

构成服饰整体美的要素虽然很多，但考究起来，无外乎人的形体、内在气质和服饰的色彩、款式、质地、工艺以及着装环境等。销售顾问的着装应将这些要素综合起来，考虑整体的协调性，做到和谐统一，体现整体美。

② 整洁原则

整洁是着装的基本要求，无论什么情况下，汽车销售顾问的服饰都应该干净整齐，不沾污迹，尤其衣领和袖口等地方，更要清洁无汗渍。平常要注意检查自己的服装是否平整、扣子是否齐全、有无开线或破洞的地方。

③ TPOR 原则

TPOR 即 Time（时间）、Place（场合）、Object（对象）、Role（角色）四个英文单词的首字母。TPOR 原则是指着装要兼顾时间、场合、对象、角色等因素，做到优雅得体、合乎礼仪。

2）着装规范

从汽车销售的特征出发，销售顾问的着装应以庄重为主。在搭配上讲究上下同色并与皮鞋、领带或领结搭配。饰品应适宜有度，以树立亲和稳重的职业形象。

① 男士正装

男士着装以自然、干净、整洁、得体为宜，不仅展示精神饱满的形象气质，而且表现出自己对工作和生活的积极态度、良好修养以及独特品位。

男士正装搭配的"三三制"：三色原则，全身颜色不超过三种，即蓝、灰、黑；三一定律，鞋子、腰带、公文包和谐统一；三不搭配，正装皮鞋不配白袜，夹克不打领带，西服不带商标。

② 西装

西装是男士主要的职业服饰，汽车销售顾问尤其如此。通常，销售顾问的西装应熨烫平整、线条挺直，颜色以青色、深蓝和灰色为主。若是双排扣西装，应将纽扣全部扣好；若是单排双扣，应扣上面一粒或全部不扣；若是单排三扣，则可以扣上面两粒，也可以扣中间一粒，或全部不扣。此外，穿着西装前，要拆除衣袖上的商标，以免给人留下肤浅的印象。男士西裤应平整，裤线清晰笔直。裤脚的长度，向前确保盖住鞋面中央，向后抵达鞋跟中央。穿着时西裤口袋不要置放物品，手也不宜插在裤袋内。

③衬衫

衬衫是职业男性的必备品。选择正装衬衫时，主要以高织精纺的纯棉、纯毛制品为主，不宜选择条绒布、真丝等做成的衬衫。正装衬衫应为长袖，且色彩必须单一，以没有任何图案为佳。汽车销售顾问在穿西装的时候，衬衫袖子的长短应适度，要稍长于西装衣袖0.5～1.0 cm。衬衫的所有纽扣，无论是衣扣、领扣还是袖扣，都要一一扣好。此外，无论是否穿外衣，衬衫的领子要挺括，不能有污垢、油渍，衬衫下摆必须放在裤腰里，不宜皱皱巴巴、扭曲错位。

④领带

领带是男士正装不可或缺的点缀，能够体现西装的质感和立体感，可以说是西装的灵魂。选择领带时，一定要注意其与西装、衬衫协调搭配。若选择与外衣同色系的领带，则颜色要比外衣更鲜明；若按照对比色搭配领带，则领带的颜色纯度应降低。至于领带的纹理，单色、条纹、圆点、细格等都是可选择的常规图案。

打领带的技巧，一是要打得端正、挺括；二是收紧领结时，有意地在领结下压出一条沟；三是领带结的大小要与衬衫领子相适应。下面介绍几种常用的领带打法。

a）平结

平结简单易学，几乎适用于各种材质的领带。具体打法：将领带的大领放在身体的右边，并置大领于小领之上。大领由左向右绕小领一圈，然后经圆环由内向外翻出，如图2-4所示。

图2-4 平结

b）双环结

双环结类似于平结，但有两个结，即两圈，适合年轻的上班族。

具体打法：在平结的打法基础上，再绕一圈即可。注意第一圈应稍微露出于第二圈之外，如图2-5所示。

图2-5 双环结

c）交叉结

交叉结适合单色素雅质料较薄的领带。它的特点在于打出的结有一道分割线。

具体打法：将小领置于大领上，并环绕一圈半。然后由右侧向上穿过圆环，经左下侧绕行到左前方。将小领从领结中穿过，一手轻拉小领前端，一手移动领带结即可。其实，按此步骤打完，领带是背面朝前面的。如须佩戴，只须取下领带翻个面就可以，如图2-6所示。

图2-6 交叉结

d）双交叉结

双交叉结多运用在素色且丝质领带上，很容易体现男士高雅的气质，适合正式活动场合。

具体打法：将大领置于小领上，绕至右侧后向上绕环一圈。再由后向前横绕两圈形成双环领结，然后大领从第一圈与第二圈之间穿出，适当调整即可，如图2-7所示。

图2-7 双交叉结

e）温莎结

温莎结因温莎爵而得名，是最正统的领带打法。

具体打法：将大领置身体右侧，并置于小领之上。大领经过小领之下穿过圆环绕小领一圈，然后大领翻到小领下方，由左下侧向前再向上穿过圆环，到达领带右下侧。继续向前绕圈，大领经左下由后部穿出圆环，穿过最前方的绕圈，束紧领带结即可，如图2-8所示。

图2-8 温莎结

④皮鞋

男士正装离不开皮鞋。汽车销售顾问的皮鞋以深色为好,如黑色、棕色或灰色等。皮鞋的式样应简单规整,鞋面光滑亮泽。搭配袜子时,应选用深色、质地好的袜子,如黑色、棕色或深蓝色等。袜子的颜色最好比鞋深些,不要穿半透明的尼龙或涤纶丝袜,尤其不要穿白袜子。

⑤女士正装

相比男士,女士着装更为讲究,尤其作为汽车销售顾问,必须利用良好的装束表现整洁和高雅,满足客户视觉和心理上的要求,以显示自己的职业和身份。

在汽车销售卖场,如4S店展厅,女士正装以西服套裙和套装为主。职业套装必须是长袖。颜色以黑色、灰色、米色为佳。套裙的长度应该与膝盖平齐。颜色最好是黑色、藏青色、灰褐色或灰色。若套裙搭配衬衫,就再合适不过了。

女士正装的要求,总结起来一般应做到以下几点:

a) 整齐

服装必须合身,衣领、胸围要松紧适度,裙长过膝盖,内衣不能外露。此外,不挽袖、不卷裤、不掉扣,领结、丝带等与衬衫领口完美吻合。若有工号牌或标志牌,应该佩戴在左胸正上方。

b) 清洁

衣裤无污垢、无油渍、无异味,领口与袖口处尤其要保持干净。

挺括:着装前要烫平,着装后要挂好,做到上衣平整、裤线笔直,衣裤不起皱。

c) 大方

衣着款式简练、优雅,线条自然流畅。若套装配衬衫,衬衫应剪裁简洁,不带花边或褶皱,色彩与套装和谐统一。若是裙装,衬裙应为白色或肉色,内衣轮廓最好不要显露于外,与套裙相配,长筒袜是标准选择,但不能用健美裤、羊毛裤代替长筒袜。

女士佩戴的饰品如下:

a) 丝巾

汽车销售顾问佩戴丝巾的形式,主要是三角结。通常将丝巾对折,在一个角先打一个结,然后将另一角插进去并拉紧,三角结就做好了。再将90度角放在前面,剩余两角置于衬衫衣领内。

b) 项链

项链与脸型相配,才能相得益彰。若脸部清瘦却颈部细长,则可以佩戴单串短项链,补瘦抑长。若脸圆却颈短,最好佩戴细长的项链,显瘦加长。

c) 耳环

若个头不高,则可佩戴蝴蝶形、椭圆形、心形等耳环,显得娇小可爱。若脸型方正,则可佩戴圆形或卷曲线条吊式耳环,以缓和脸部棱角。若脸型很圆,则可佩戴"之"字形或叶片型的垂吊式耳环,营造视觉上的修长感,显得秀气。此外,戴眼镜的女士佩戴贴耳式耳环显得文雅漂亮。肤色较白的女士佩戴颜色鲜艳的耳环显得有活力;肤色较黄的女士佩戴银色的耳环显得肤色淡些等。

d) 戒指

戒指应与指形相配。若手指较短,则宜选用镶有单粒宝石的戒指,指环不要过宽,确保手指看起来更为修长。若手指纤细,则宜佩戴宽阔的戒指,会使手指显得更加纤细圆润。

e) 胸针、手帕

胸针、手帕也可作为饰品使用。它们与衣服搭配,既有对比美,又有协调美,使女士显得更有气质。

2. 肢体语言

　　肢体语言包括了人的表情、手势、动作、举止等，日常生活中的举手投足、一颦一笑，这些体态可以说都是肢体语言的表现。达·芬奇曾说过："用优美的体态表达礼仪，比用语言更让受礼者感到真实、美好和生动"。汽车销售顾问恰当得体的肢体语言，既反映了个人特有的仪态风度，也体现了企业的形象和对顾客的尊重。

（1）表情

　　表情是指人的面部情态，是人的思想感情和内在情绪的外露。表情作为肢体语言最为丰富的部分，是仅次于语言的一种交际方式。汽车销售顾问在工作过程中，应该重视运用表情礼仪。热情友好、诚实和蔼的表情，能够传达亲切、友好的情绪，提高客户的好感和信任，让整个销售过程变得更加愉快。

1）微笑

　　在商务活动中，动人的表情吸引着幸运和财富，比如微笑。有人说，不会笑就别开店。更有甚者，说自己的笑容价值百万美金。或许有些夸张，但对汽车销售顾问来说，微笑可以向客户展现自己的友善、谦恭，营造信任、理解的氛围，更利于促成销售工作。

　　①微笑的基本做法

　　肌肉放松，嘴角微微向上翘起，让嘴唇略呈弧形。在不牵动鼻子、不发出笑声、不露出牙齿的前提下，轻轻一笑。笑的时候一定要诚心诚意、精神饱满、亲切甜美。

　　②微笑的注意事项

　　笑容是美好的，也富有吸引力。但即便是笑，也得注意方式方法。就微笑而言，需要注意如下几点：

- 不要缺乏诚意，强装笑脸。
- 不要露出笑容却随即收起。
- 不要受情绪支配而笑。
- 不要将微笑只留给少数人，而要兼顾众人。

2）眼神

　　眼神是面部表情的核心，是人体传递信息最有效的器官。从一个人的眼神里，可以看到喜、怒、哀、乐，甚至整个内心世界。对汽车销售顾问而言，通过客户的眼神变化，掌握不同目光所传递的信息，更有利于沟通。

　　①眼神运用的原则

　　注意视线接触的区域：注视对方时，最好不要聚集于一处，而应"散点柔光"，目光柔和地注视客户的整个脸部区域。

注意视线接触的时间：视线接触的时间不可过长，以免产生"盯"着人看的误解。特别当双方都沉默不语时，要将目光及时移开，避免一时无话而尴尬或不安。

注意视线接触的位置：就目光注视的位置而言，有公务凝视区域、社交凝视区域和亲密凝视区域之分。在正常交流中，汽车销售顾问应把握好视线接触区域的不同，达到交流目的的同时也能避免误解，如图2-9所示。

②眼神运用的注意事项

眼神交流虽然是语言无法替代的，但汽车销售顾问要想将其运用好，就需要注意以下事项：

● 不可以紧盯人看或上下反复打量。
● 不可以对人挤眉弄眼，做怪动作。
● 不可以拿白眼、斜眼看人。
● 交谈过程中，避免左顾右盼。

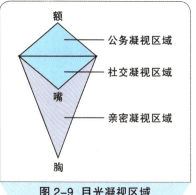

图2-9 目光凝视区域

（2）手势

手势的含义非常丰富，表达的感情自然也微妙复杂，如招手致意、挥手告别、拍手赞同、摆手拒绝、手握是亲、手遮是羞等。手势的含义，或是发出信息，或是表达喜恶，都是日常交际中表情达意的好方式。汽车销售顾问对手势不仅应该熟知，还应该善用。在引导客户、介绍商品、签约交车等环节，优雅得体的手势，能有效促进双方沟通、理解，帮助实现汽车销售的目的。

1）手势运用的原则

因为职业的关系，汽车销售顾问的手势并不能随意而为，而是有着明确的要求和规范。

①简单明了，不矫揉造作

手势应当简单明确，以利于客户理解并接受。手势的形式应服从内容表达、对象场合的需要，切不可为好看而刻意模仿，或过于矫揉造作。

②手势柔和，动作幅度适当

运用手势的时候，动作幅度应适当，运行轨迹要柔和。否则，动作幅度很大显得张扬浮躁；动作幅度过小又显得猥琐暧昧。

③兼顾表情、语言，和谐统一

好的手势，固然能够促进交流，但若不能与表情、语言和谐统一，效果也会大打折扣，甚至取得相反的效果。如手势虽在表达赞赏的意思，但脸上却是冷冰冰的情态，则客户自然很难感受到赞赏，反而会觉得受到了侮辱。

2）手势的运用类别

手势虽然多种多样，但与具体的工作情形结合起来，汽车销售顾问的手势主要运用在以下两个方面。

①指引、介绍

用于指引、介绍的手势，主要包括提臂式、斜摆式、直臂式等。提臂式用于介绍产品、提醒注意的场合，要求大臂基本不动，右侧小臂提起做象征性的指引或介绍即可。斜摆式用于指引方位的情景，如请客户入座。要求将右手从身体一侧抬起到腰部，使大小臂成一条斜线，摆向椅子的具体位置。注意手指要伸直并拢，手、手腕和小臂成一条直线，掌心略微倾斜。直臂式多用于指引方位的情形，要求五指并拢，手掌、胳膊自然伸直，手臂从身体侧面抬起直到肩部位置，如图2-10所示。

②致意、告别

用于致意、介绍的手势，主要是挥手。若距离客户很近，手势的动作应小，五指自然并拢，抬起小臂挥一挥即可；若距离客户很远，则可适当加大手势的动作幅度。

图2-10 直臂式指引手势

（3）站姿

标准的站姿，要求站如松。从正面看：全身笔直，精神饱满，两眼正视，两肩平齐，两臂自然下垂，两脚并拢，两脚尖张开60°，身体重心落于两腿正中；从侧面看：两眼平视，下腭微收，挺胸收腹，腰背挺直，手中指贴裤缝，整个身体庄重挺拔。

对汽车销售顾问来说，好的站姿不仅对身体有益，更利于表现稳重端庄、优雅成熟的气质，可以赢得客户的尊重和信赖。

1）男性汽车销售顾问的站姿要求

男士站姿，如图2-11所示，应体现出男性的阳刚与稳重。要求挺胸收腹、头正颈直、平视前方，左手握住右手，自然放在小腹前，其重心置于两腿之间。通常男士站立时，双脚可呈"V"字形或"II"字形。

图2-11 男士站姿

2）女性汽车销售顾问的站姿要求

与男士相比，女士站姿应显出女性的端庄与优雅。要求挺胸收腹、目视前方、面带微笑，双脚呈"V"字形或"Y"字形站立，重心放在前脚掌上，右手手指并拢与左手虎口相对而握，自然放手于小腹处，如图2-3所示。

（4）坐姿

坐姿即一个人坐的姿态，要求"坐如钟"，更要舒适自然，大方端庄。正确而优雅的坐姿是个人素养和个性的显现，既能体现一个人的形态美，又能体现行为美。

1）坐姿的基本要求

- 入座时要稳、轻巧，避免座椅乱响，噪声扰人。若着裙装，应用手背将裙子稍稍拢一下，以防坐出皱纹或使腿部裸露过多。
- 坐在椅子上，至少要坐满椅子的2/3，脊背轻靠椅背。同时立腰挺胸，面带笑容，双肩放松平正，双膝并拢，双脚可正放也可侧放。若端坐时间过长感到疲劳，则可以变换一下腿部姿态，向右或向左自然倾倒。
- 离座时，起身应轻稳，先站定后离去。不能猛起猛出，或跌跌撞撞。

2）男性汽车销售顾问的坐姿要求

①标准式
标准式必须双目平视，抬头挺胸，保持上身正直，表情自然。双脚可分开与肩同宽，小腿垂直地面，双手自然放在大腿前面两侧。
②前伸式
前伸式是在标准式坐姿的基础上，将双腿略向前伸，脚尖仍朝向正前方。
③重叠式
若长时间端坐，可将双腿交叉重叠，但要注意将上面的腿向回收，贴住另一条腿，脚尖向下。

3）女性汽车销售顾问的坐姿要求

①标准式
除了上身挺直、头部端正外，女士标准式坐姿与男士不同的是，双脚的脚跟、膝盖直至大腿都需要并拢在一起，小腿垂直于地面，双手叠放于左（右）大腿上，如图2-12所示。
②前伸式
前伸式是在标准式坐姿的基础上，两小腿向前伸出一脚的距离，脚尖不要翘起。
③前交叉式
前交叉式是在前伸式坐姿的基础上双脚并拢，一脚后缩，与另一只脚交叉，两踝关节重叠，

两脚尖着地。

④ 曲直式

大腿靠紧，一脚前伸，另一脚屈回，两脚前脚掌着地，并在一条直线上。

⑤ 后点式

两小腿后屈，脚尖着地，双脚并拢。这是变化的坐姿之一，在不受注意的场合，这种坐姿显得轻松自在。

④ 汽车销售顾问坐姿的注意事项

· 坐姿应符合环境要求。如与领导、长辈谈话，应保持大腿与小腿成直角，臀部与背部成直角，且不能靠背而坐。

· 就座与人交谈时，应注意双腿的动作，不可以不停抖动，甚至脚跟离开地面晃动；也不能随意跷二郎腿或前俯后仰。

· 女士叠腿要慎重，特别是着裙装的销售顾问，要注意规范，以免尴尬。

图 2-12 女性坐姿

（5）走姿

走路是我们日常生活中最平常的身体运动。与完美的坐姿一样，优美的走姿绝对是优雅气质的表现。

1）汽车销售顾问走姿的要求

行走时，目视前方，身体挺直，步态自然轻盈，两臂摆动协调，膝关节与脚尖正对前进方向。

对男性销售顾问来说，行走时应步伐矫健、稳重、刚毅，正所谓"坐如钟，行如风"，以充分展现出男性特有的阳刚之美，如图 2-13 所示。女性销售顾问则相反，走姿应表现女性独有的优雅贤淑，行走时两只脚应正对前方或走成一条直线，形成腰部与臀部的摆动而显得优美。女士穿裙装时，步幅宜小；穿长裤时，步幅可大些，如图 2-14 所示。

图 2-13 男士走姿

图 2-14 女士走姿

② 汽车销售顾问走姿的注意事项

● 陪同或引导客户时，注意行走的方位和体位。应走在被陪同人员左前方的二三步处。
● 行走时要警惕不良姿态，如八字步、低头弓背、摇头晃肩、左顾右盼等。
● 行走时，行进速度应平衡均匀，不要忽快忽慢。
● 摆手动作不宜过快，幅度应适当，不可过大或过小。
● 多人同行时，不以横排并走，更不能勾肩搭背。

（6）蹲姿

蹲姿即蹲下身子，是人处于静态时的一种特殊体位。在日常生活中，人们对掉落地下的物品常常是弯腰或蹲下将其捡起。而身为汽车销售顾问，若也像普通人一样随意弯腰蹲下捡拾物品，则不合适。

1）汽车销售顾问的蹲姿要求

下蹲时一脚在前，一脚在后，两腿向下蹲。注意两腿靠近，臀部始终向下。通常男士采取高低式蹲姿，女士采用交叉式蹲姿。

① 高低式蹲姿

下蹲时右脚在前，左脚稍后，两腿靠近向下蹲。右脚全脚着地，小腿基本垂直于地面，左脚脚跟提起，脚掌着地。左膝低于右膝，左膝内侧靠于右小腿内侧，开成右膝高左膝低的姿态，臀部向下，基本上以左腿支撑身体。

② 交叉式蹲姿

下蹲时右脚在前，左脚在后，右小腿垂直于地面，全脚着地。左膝由后面伸向右侧，左脚跟抬起，脚掌着地。注意两腿靠紧，全力支撑身体。臀部向下，上身稍微前倾，如图2-15所示。若女士着裙装，下蹲前应整理好裙摆。

图 2-15 女士蹲姿

2）蹲姿注意事项

● 下蹲时，应使头、胸、膝关节在一个角度上，使蹲姿优美。
● 蹲姿应自然、得体、大方，不遮遮掩掩。同时，两腿合力支撑身体，避免滑倒。
● 不要突然下蹲，也不要距人过近。下蹲方位要看好，尽量侧对顾客。不要毫无遮掩，以致过多暴露导致尴尬。
● 女士无论采用哪种蹲姿，都要将腿靠紧，臀部向下。
● 不要蹲着休息。

(7) 鞠躬

鞠躬，即弯腰行礼，主要表达"弯腰行礼、以示恭敬"的意思，是对他人表示敬重的一种礼节。

1) 鞠躬礼的基本要求

行鞠躬礼时，应取立正姿势，面带微笑注视受礼者。然后以腰部为轴，整个腰及肩部向前倾斜15°～30°。随着身体向下弯曲，双手逐渐向下，目光也随鞠躬自然下垂，表示一种谦恭的态度。行礼时，可以同时问候"您好""早上好""欢迎光临"等，也可致谢或致歉。鞠躬礼毕，直起身时，双目还应有礼貌地注视对方，使人感到诚心诚意。

男士在鞠躬时，双手要放在裤线稍前的地方；女士则将双手在身前轻轻搭在一起，左手在下，右手在上。鞠躬时，双手向下垂的程度越大，所表示的敬意就越深。

受礼者，除了长辈、上级、宾客还礼可不鞠躬，而用欠身、点头、微笑致意以示还礼外，其他人应以鞠躬礼相还。

2) 鞠躬礼注意事项

● 鞠躬时，切不可撇开两腿，随随便便弯一下腰或只往前探一下脑袋当作行礼。这是一种毫不在乎的表现，是对客户的不尊重。

● 鞠躬时，目光应下垂，不要一直注视客户。鞠躬礼毕后，双眼应礼貌地看着对方，如视线移向别处，即使行了鞠躬礼，也不会让人感觉到真心实意。

● 鞠躬时，嘴里不要吃东西或叼着香烟。

● 鞠躬时，耳和肩要在同一高度，脖子不可伸得太长，不可挺出下颚。

3. 握手礼仪

握手，是见面双方用手表达问候的一种礼仪。它的起源甚至可以追溯到原始社会，是当时人们用以表示友善、无恶意的行为。时到今日，握手作为一种信息双向交流的方式，成为日常交际场合中运用最多的见面问候礼节。

以汽车为销售对象的汽车销售顾问，掌握握手这个基本礼节是必修课。

(1) 握手的场合

工作中，握手的机会很多。如第一次见面、达成销售协议或离别，都可以握手，以表示亲近或感谢。

具体而言，当客户抵达时，伸出手来与客户相握，表示自己的诚意，初次见面给人留下好印象。当自己被上司或者同事介绍给客户时，主动与客户握手，显示自己的礼貌，也是尊重他人的表现。当交谈过程中，就某些问题对客户表示理解、支持、鼓励、肯定时握手，可以拉近彼此的关系。

当对某一问题取得一致看法，客户对我们表示理解、支持时，可以握手以示回应。当达成销售交易时，可以握手表示庆贺。当送别客户时，握手表示感谢等。

（2）握手的顺序

在正式场合下，握手有先后次序。一般遵循"尊者优先"的原则，由主人、年长者、身份高者、女士先伸手，客人、年轻者、身份低者待对方伸手后再伸手相握。

对汽车销售顾问而言，当客户来到汽车销售展厅时，销售顾问就临时充当起主人的角色。与客户见面时须先于对方伸手，表示欢迎。若客户离开展厅，则须客户自己先伸手，然后销售顾问伸手回应。

（3）握手的方式

握手的标准方式，是行礼时行至距离握手对象约1 m处，双腿立正，上身略向前倾，伸出右手，四指并拢，拇指张开与对方相握。握手时应用力适度，上下稍许晃动三四次，随后松开手来，恢复自然的站立姿势，如图2-16所示。具体来说，握手时应当注意以下问题。

图2-16 握手方式

1）神态

与人握手时，神态应专注，面含笑意，目视对方双眼，并且出口问候。切勿三心二意，敷衍了事，一定要热情友好、自然大方。若迟迟不握他人早已伸出的手，或一边握手一边东张西望、漫不经心、傲慢冷淡，甚至忙于跟其他人打招呼，都是目中无人的表现，极不应该。

2）姿势

向他人行握手礼，只要有可能，就应起身站立，表示礼貌和尊重。握手时，双方应主动向对方靠拢，彼此之间的最佳距离为1米左右。若距离过大，显得像是一方有意讨好或冷落一方。若距离过小，手臂难以伸直，且身体过近也不太礼貌。最好的做法，是双方将要相握的手各向侧下方伸出，伸直相握后形成一个直角。

3）手位

在握手时，手的位置至关重要。常见的手位有两种，即单手相握和双手相握。

①单手相握

用右手与人相握，是最常用的握手方式。若单手与人相握，则手掌垂直于地面，这是平等式握手，表示自己不卑不亢。若与人握手时掌心向上，这是友善式握手，表示自己谦恭、谨慎。若与人握手时掌心向下，这是控制式握手，表示自己感觉甚佳，自高自大。

②双手相握

双手相握，即用右手握住对方右手后，再以左手握住对方右手的手背。这种方式，适用于亲朋故旧之间，可用以表达自己的深厚情义。一般而言，此种方式的握手不适用于初识者与异性，因为它有可能被理解为讨好或失态。除非是至交好友，否则最好不要滥用双手相握。

4）力度

握手之时，为了向交往对象表示热情友好，应当稍许用力。若与客户较为熟悉，所用力量可稍微大些；若与异性或初次相识者握手，则千万不可用力过猛。

在与人握手时，不可以毫不用力，使对方感到缺乏热忱与朝气；也不宜矫枉过正，因为在握手时拼命用力，难免有示威、挑衅之嫌。

5）时间

在普通情况下，与他人握手的时间不宜过短或过长。大体来讲，握手的全部时间应控制在3s以内，上下晃动三四下即可。

（4）握手的注意事项

1）手不能太脏

不管在什么情况下，和客户握手之前要检查一下自己的手，如果脏的话千万不要与客户握手，因为这是很不礼貌的行为。若是客户要求握手致意，则一定要与客户说清楚，表示歉意，以免造成不必要的误会。

②手不能太冰

如果自己要和客户握手表示礼貌的话，先得将自己的手捂暖再说，否则也是不礼貌的行为，容易让别人反感。特别是在冬天，天气本来就冷，握着对方冰冷的手，无异于雪上加霜。

3）手不能半掩

有些人握手时，习惯于手不张开半掩着。其实这个也是不礼貌的行为。要么就不握，握了就一定要张开整个手，才显得尊重、大气。

4）手不能握得太久

握手握得太久是否就是尊重、礼貌呢？其实不是。握手握到合适的时间就好，千万不要握着手一直不放，这对女士来说特别不礼貌，也不够尊重。

5）握手力度应恰当

当双方手握手时，要有一个适度的力度。既不能太轻，显得不重视，也不能太重，显得不够稳重和礼貌。

6）握手要握手的三分之二

握手不能只握手尖，好像蜻蜓点水，也不能全部握住，铺天盖地。最好的握手方式就是握到手掌的三分之二处。

7）握手时看着对方

不但说话时需要看着对方，握手时也一样。这样方能显得尊重、重视和礼貌，而且拉近彼此的关系。

4. 电话礼仪

在现代信息社会，通过电话沟通、联络感情，早已是极为普遍的事情了。而在销售领域，与通常接听拨打电话不同的是，汽车销售顾问更需要注重个人电话礼仪，如图2-17所示。

图2-17 拨打电话

（1）拨打电话的流程

拨打电话并不是随意的行为，而是具有一系列拨打电话的流程。

1）准备工作

拨打电话之前，应首先查阅潜在客户的信息档案，围绕通话目的准备谈话要点。事先针对客户可能摆出的搪塞可拒绝的理由，拟定好对策或化解之法。此外，还须准备好相关材料以及记录用的笔和本子，慎选通话时间。

2）拨通电话

在确定电话号码准确无误后，拨通对方的电话。确认对方的公司，并介绍自己的公司和姓名。然后确认对方是否为要找的人，现在是否有时间交谈等。

3）陈述目的

首先为占用客户的时间表示歉意，然后简洁而清晰地说明拨打电话的目的，争取获得面谈和试驾的机会。

4）再次确认

对于客户所谈及的主要内容，应随时记录；对于未明白或有歧义的地方，应再次确认无误，以求准确把握谈话内容。

5）结束通话

对客户接听电话表示感谢，对占用客户的宝贵时间再次致歉并表达祝福，如祝您生活愉快、工作顺利等。挂电话时，一定等客户先挂断电话，再挂断。

（2）拨打电话的注意事项

1）选准拨打电话的时间

拨打电话时，选择合适的时间很重要，因为对的时间是良好沟通的开始。除急需或特殊情况外，最好在白天8点以后，夜晚10点之前拨打客户电话。期间应注意避开中午用餐和休息时间。最好不在节假日打扰客户，若万不得已，则应尽量在上午9点以后。

2）注意拨打电话的方式

①态度平和

销售顾问利用电话沟通时，一定要有意识地保持平和的态度。通话过程中，应避免出现亲近异常或特别冷漠的情况。不管他人求我，还是我求于人，都应保持不卑不亢、不骄不躁的作风。任何情况下，都不应该在电话上发脾气、训斥他人甚至恶语相加。

②以情动人

打电话的目的是沟通、交流，拉近彼此的距离，所以应赋予电话以感情色彩，达到闻声如见人的效果。

③礼貌用语

言为心声，汽车销售顾问态度的好坏，都会表现在语言之中。得体的语言、适中的语速、恳切的语调，可以让你声音更加友好热情，令对方感到亲切、友善，愿意与你交流、沟通。

5. 名片使用礼仪

在中国，名片已有2 000多年的历史。秦汉时期曾称其为"谒"，后经历代演变直到清朝方有"名片"的称呼。作为重要的社交工具，名片直接传递个人和公司的信息，增进人与人之间的联系。一般情况下，汽车销售顾问在见面寒暄、自我介绍后，往往需要递上自己的名片，为日后与客户交往提供方便。

（1）递送名片

递送名片不仅是几个简单的动作，也有学问。
- 递送名片时，应双手递出，并报出自己的姓名。递送过程中可以说些客套的寒暄语，如"请多多关照"之类。
- 递出名片或其他有文字的卡片时，要将文字的正面朝向对方，以方便对方阅读。
- 若双方同时递送名片，则用右手递出，左手接回。在收对方名片后，应用双手将其托住以示郑重，如图2-18所示。
- 若同时向多人递送名片，应按照"由尊而卑、由近而远"的顺序依次递送。切不可"跳跃式"递送，令人产生厚此薄彼的感觉。

（2）接受名片

有递送名片的礼仪，自然也有接受名片的礼仪。
- 当客户递送名片时，汽车销售顾问应郑重地用双手接过来，并表示感谢。拿到后要及时阅读，如图2-19所示，一是表示尊重；二是若有不懂之处可立即请教客户，如不认识的字。
- 阅读完毕客户名片后，不可以将名片拿在手里随意摆弄，而要妥善存放，一般可以放入上衣口袋或公文包里，不宜放入裤袋。

图 2-18 递送名片

图 2-19 认真阅读名片内容

（3）交换名片注意事项

1）注意名片交换的顺序

遵循"女士或尊者优先"的原则，通常由地位低或男士主动递上自己的名片。当然，汽车销售顾问面对客户，一般都是处于主动递送名片的位置。

2）注意名片交换的方法

若是递送名片，双手食指和大拇指分别夹住名片左右两端，将文字正面正对对方，并略道谦恭之语，如"请多指教""这是我的名片"之类。

若是接受名片，应由名片的下方恭敬地双手接过，并略道感谢之语，如"谢谢""很荣幸"等。将名片收到胸前，及时阅读，了解对方名字、职业、联系方式等信息。了解完毕后，应妥善保存。

一般在社交场合，不宜向别人伸手讨要名片。若确实需要，则必须施以请求的语气，如"不打搅的话，请给我一张名片，以便日后联系您"。

6. 寒暄礼仪

寒暄本指见面双方谈论天气寒暖的应酬话，后来也就不限于天气问题了。作为社交手段，寒暄的基本作用是表明自己的友好态度，以联络感情、保持友好的关系。寒暄是人际交往的起点，是沟通心灵的钥匙，如图 2-20 所示。

图 2-20 寒暄

（1）寒暄的类型

寒暄的类型多种多样，具体应用到销售接待上，通常有以下几种比较常见的寒暄方式。

1）问候型

问候型寒暄的用语比较复杂。销售顾问最常用的是表现礼貌的问候语，如"您好""早上好""节日快乐"之类。当然，也有不少表现友好态度的问候语，如"生意好吗""平常忙些什么呢"等。

2）言他型

"今天天气真好！"这类话也是日常生活中常用的一种寒暄方式。特别是初次见面，一时难以找到话题时，类似的话可以打破尴尬的场面。

3）触景生情型

触景生情型是针对具体的交谈场景临时产生的问候语。诸如对方刚做完什么事，正在做什么事以及将做什么事，都可以作为寒暄的话题。如客户刚进门问："路上一切顺利吗？"临近午餐时间问："吃过饭了吗？"等，随口而来，自然得体。

4）夸赞型

夸赞是让人们感到愉悦，拉近彼此距离的简单方式。作为一个社会成员，我们都需要别人的肯定，需要别人的赞美。如客户穿了一件好看的裙子，可以说："赵小姐，您这件连衣裙真漂亮！"。若无意中与客户谈及年龄，你可以说："张先生，真看不出来，您已经50岁了，看起来不过40岁出头的样子！"。

5）攀认型

在人际交往中，只要彼此留意，就不难发现双方有着这样那样的"亲""友"关系，如"同乡""同事""同学"甚至远亲等。初次见面时，通过寒暄攀认某种关系，或许可转化为建立交往、发展友谊的契机。作为汽车销售顾问，要善于寻找契机，发掘与客户的共同点，从感情上靠拢对方。

（2）寒暄的注意事项

1）态度应主动热情、诚实友善

寒暄时除了选择合适的方式、语句外，配以主动热情、诚实友善的态度最重要。只有把这三者有机地结合起来，寒暄的目的才能达到。若用冷冰冰的语气对客户说："很高兴见到您"，客户说不定浑身感到发冷。若以不屑一顾的态度夸奖客户："我发现您很精明能干"，客户或许会想这是不是一种讽刺。所以，说话的语句需要斟酌，热情友善的态度更不可缺少。

2）话语应适可而止，因势利导

凡事都应有个"度"，寒暄也不例外。恰当适度的寒暄有助于打开谈话的局面，但切忌没完没了。有经验的销售顾问，总是善于从寒暄中找到契机，因势利导，言归正传。

3）善于选择话题

比如天气。天气几乎是中外人士最常用的普遍的话题。天气很好，不妨同声赞美；天气太热，也不妨交换一下彼此的苦恼。

比如自己闹过的有些无伤大雅的笑话。像买东西上当、语言上的误会等。开开自己的玩笑，除了能够博人一笑外，还会使人觉得你为人随和，容易相处。

比如医疗保健。这也是人人都感兴趣的话题。怎么可以延年益寿，怎么可以增强体质，怎么可以减肥等，这类话题能吸引人的注意力，也没有什么不好。

比如轰动一时的社会新闻。假使你有一些特有的新闻或特殊的意见和看法，那足以吸引一批听众。

比如家庭问题。从儿童教育、夫妻相处、家庭布置，到亲友之间的交际应酬、购物经验等，也会让大多数人产生兴趣，尤其家庭主妇们。

此外，还有政治、宗教、运动、娱乐等，都可以作为闲谈的话题。

思考与练习

简答题：

1. 汽车销售顾问在为客户提供服务活动之前必须掌握哪些基本知识？

2. 客户的消费行为有哪些？

3. 一个合格的汽车销售顾问应具备哪些基本素质？

课题三　客户接待流程与管理

[知识目标]

1. 熟悉客户接待的规范流程。
2. 掌握接待过程中的标准话术和礼仪礼貌。
3. 了解客户管理的必要性。
4. 掌握客户管理方法。

[能力目标]

1. 能够按照客户接待流程正确接待客户。
2. 能够按照正确规范进行客户管理。

任务一　客户接待流程

作为一名合格的销售顾问，不仅要有专业的汽车知识，而且要有敏锐的销售意识、积极的工作态度、健康向上的团队及敬业精神。遵照规范的操作流程，把企业文化、产品信息传递到每一位客户心中，体现一名销售顾问的综合素质以及能力。

一、客户接待准备

- 销售顾问应仪表得体，要求服装整洁，着公司统一制服，佩戴工号牌。
- 准备好笔、记录本、名片，资料夹中各种资料，各银行分期贷款明细表、保费计算清单、配件报价单、上牌服务资料及流程等。

二、客户接待

- 当客户来到展厅门口时，销售顾问应迅速地为客户将门拉开，并主动向客户打招呼说"您好"，面带微笑，点头示意，将客户迎进。
- 当客户进入展厅后，销售顾问应递上名片，并自我介绍，内容可为"早上／下午／晚上好！欢迎光临×××品牌汽车4S店，我是×××销售顾问"。
- 对不同车型做简短概述，并询问客户需求，内容可为"请问您想看哪种车型，我可以为您介绍"。根据客户的需求，将客户带到所需车辆前，有针对性地为客户进行绕车介绍。当客户需求车型不明时，可以通过不断探求客户的实际需求，去为客户推荐一款最适合客户需求的车，再详细介绍相对应的车型。
- 销售顾问在介绍车辆的时候，灵活运用销售手段，发掘客户的潜在需求。
- 使用封闭式和开放式提问。封闭式提问用于确定客户信息；开放式提问用于获得客户大量信息，以便做出正确判断。
- 寻求认同。比如在介绍完车辆一个特性时，紧接着问"您觉得怎么样"，加深客户印象。
- 运用FBI原则——性能、好处、冲击，加深客户印象。
- 真实一刻。注意自己接待中的小小细节，给予客户冲击，激起客户最深层的购买欲望。
- 接待客户过程中，通过询问客户考虑的竞争品牌展开销售话术，突现本公司车型的优势所在，以及竞争品牌的不足之处。
- 车辆演示完后，可向客户提出分期付款建议，如果客户对此有兴趣，此时带客户到接待区坐下，为客户倒好水，列一份详细的客户计划书（分期专用），并详细解释分期首付金额的各款项及分期超出一次购车的费用。

- 全面了解上牌知识，并向客户介绍公司的上牌程序及所需资料、时间，让客户无后顾之忧。
- 鼓励客户试乘试驾，建立购买信心。若顾客有试乘试驾要求，步骤如下：
  · 检验客户驾驶证，并复印一份。
  · 请客户签署保证书，并与客户驾驶证复印件一并留存。
  · 上车后为客户将座椅调整到合适位置，并让客户熟悉车辆。
  · 确定行车路线，在试车过程中，指出车辆的性能和优点，整个试乘试驾过程控制在 10～15 min。
- 客户接待完毕后，应送客户到门口，与客户握手道别，并说"再见"或与客户约好下次见面与电访时间，目送客户离开。

三、客户接待后

- 检查车辆复位情况，将车门、引擎盖关好，座椅调整至最佳位置，取出试听 CD、VCD 碟及将车钥匙放回总台处。
- 清理客户接待区的卫生，保持展厅整洁、干净。
- 将客户信息记录在客户登记本上并录入客户管理系统，例如客户的年龄、性别、电话、单位、车型、长相特征、喜好及所谈重点等，以便分析该客户的类型等级，做出正确评估。

任务二　客户管理

有一种说法叫"客户就是上帝",足见客户对于销售工作的重要性。那么,如何给新到店的客户留下良好的印象?如何保证目标客户成交?如何促使客户返店服务?如何让客户主动为我们传播良好的口碑?这些都属于客户管理的目的和任务。

客户管理,就是在以"客户"为中心的指导思想下,研究客户需求,不断提供针对性服务,以挖掘潜在客户,保留重点客户,赢得客户忠诚,实现意向客户向现实客户的转化,最终提高客户满意度,获得客户长期价值。

一、客户管理的必要性

客户是汽车专业卖店的核心资源。客户管理的程度和深度是专卖店赖以生存的基础。曾在15年的时间里以零售的方式销售了13 001辆汽车,号称"史上最伟大的推销员"的乔·吉拉德成功的关键就是竭力为客户提供高质量的服务,不但让他们一次次返购他的车,还热情地为他介绍了很多可能购车的朋友。做好客户管理的巨大作用,由此可见一斑。

以汽车销售及其后续服务为核心卖点的企业,注重客户关系,偏重维持长久的客户关系,从而可以不断提升客户的忠诚度,让来店和来电的客户终身成为自己企业的客户,而且还会不断介绍新的客户进来,这也是一种销售手段。

1. 客户管理有助于建立客户对产品和服务的信心

就销售这个具体情境而言,客户的购买行为也是有风险的。在决定购买及购买初期,由于信息不充分、信任缺乏等因素,客户对产品的质量、价格、售后服务等都不够放心,一般交易时都比较谨慎,甚至常常决定了购买却临时反悔。通过客户管理,汽车销售顾问越了解客户,越能小群体甚至点对点地为客户提供针对性的服务。与之相对应,客户和汽车销售顾问的关系会更密切,对汽车销售顾问的信任也会日益加深。这些满意的客户,会因为得到更贴切的关怀而继续接受汽车销售顾问的服务,逐渐形成消费性、持续性的追加购买。

有统计数字表明,忠诚客户的平均消费支出是新客户随意消费支出的2~4倍。而随着忠诚客户年龄的增长、收入的提高或其他因素的影响,客户的消费量会进一步增长。

2. 客户管理有助于更好地挖掘老客户的价值

在当今经济高速发展的时代,为了争取到一个新客户,汽车经销商需要大力宣传,如广告轰炸、促销活动、优惠让利等。尽管在这种常规的营销手段上花费了很多费用和精力,却收效甚微。往

课题三 客户接待流程与管理

往经销商们绞尽脑汁、费尽九牛二虎之力，才争取到一部分新客户。而且这些新客户通常比较谨慎，到店看的多、购车的少。花大力气做宣传，更像赔本赚吆喝，结果只是吸引了一群看客。

老客户不同，只要客户对购买决策以及后续的售后服务满意，再加上到位的客户管理，就能保持客户的消费惯性。显然，挖掘老客户的价值，比费尽心机发展一位新客户要省力得多。据一项概念性统计研究表明，发展一位新客户的投入是巩固一位老客户的 5 倍。可见，更多地关注老客户的价值，促使老客户的持续性消费，是降低销售费用的有效方法。

3. 客户管理有助于提高企业口碑，不断发展新客户

无孔不入的广告宣传，多种多样的销售活动，确实可以吸引部分新客户，但这种极具煽动性的行为，也导致了客户的抵触和不信任。一项全球广告信任度调查表明，熟人推荐的信任度达到了 91%，远远高于报纸、电视等常规媒体。

像购买汽车这样较贵重物品的大件消费，任何一个消费者都不可能单独做决策，人们通常会在购买之前进行大量的信息收集工作，有的甚至经年累月。在搜集信息的过程中，他们会请教懂车的朋友，然后咨询家庭成员的意见，有的时候还会征求其他车主的意见。无疑，亲友、同事等人亲身经历的感受和建议，要比企业自身的广告宣传有效得多。正如有人所说：一个满意的客户会引发 8 笔潜在的生意，而一个不满意的客户会影响 25 个人的购买意向。在这种情况下，如果销售顾问只是简单地将全部的销售技能用在购车身上，而忽视了那些对客户的购车行为有影响的周围人，那就会失去赢得新客户的机会。因此，做好现有客户的服务，老客户满意的口碑就会影响潜在客户，潜在客户更容易转化为我们的现实客户。

通过足够的培训，汽车销售顾问必须学会如何与客户周围的这些人建立有效的某种关系，通过对这些关系的了解和影响对购车者发挥影响力，从而缩短销售过程，向有利于自己的方向发展。

二、客户管理的方法

究竟要如何才能有效地开展客户管理工作呢？需要做哪些准备？在汽车专卖店里，诸如三位一体、汽车讲堂、车友会等各种形式，已经融入销售或售后的业务。很多品牌的卖场店甚至设立了专门的客户关系管理部门，有专人负责客户回访预约、满意度调查、客户分类识别等。这里谈到的客户管理方法，主要倾向于如何有效促进以销售为目的的客户关系，或者说有效地通过客户关系影响客户的购买决策，通过掌控客户关系来实现销售目的。

1. 快捷的服务，热情的态度

单纯看待汽车销售，好像只是一个卖车与买车的问题。但优质快捷的服务，改变了这一切。客户来店咨询，为什么最终向你倾诉购车意图？因为你的态度好。这是初次接触不可忽略的问题。汽车销售顾问的热情态度，使客户感受到了尊重与诚意，进而影响到客户对汽车销售顾问的信任度评价，从而愿意与销售顾问就购车意向进行交流。这对汽车销售顾问来说就是不错的开始。

只有热情的态度还不够，还得辅之以方便快捷的服务，才能相得益彰、如虎添翼。从客户咨询到确定购车意向、购买保险、车辆上牌、验车交车以至维护保养等后续事宜，汽车销售顾问都可以替客户包办，提供"一条龙服务"。这不仅大大延伸了汽车销售企业的产品价值链，也为客

户提供了各种方便、一流的服务。销售顾问不仅应该确保客户在购车前后都能持续地体验到经销商及汽车销售顾问的热情与承诺，还要让客户享受到尊贵的礼遇，因为这样才能既满足客户的高度期望，又带来新的惊喜。

其实，从客户的期待出发，每个客户都希望能够在汽车销售顾问那里得到热情的接待与快捷的服务，因为这既是个人自尊的满足，也是对产品求放心的心理需求。因此，优质的客户服务应是企业不可或缺的销售策略。经销商和汽车销售顾问更多地研究客户心理、客户需求，研究服务产品的开发、服务标准的建立、服务产品的定型，研究保证服务质量的各类培训、监督系统和整体执行，研究客户反馈和应对措施。只有这样，才能吸引客户、留住客户，如在购车一周内给客户一个电话，感谢客户从我们的专卖店购车。这个做法实际向客户表明：购车不是交易的完结，而是彼此关系的开始。在未来较长时间内，客户仍然能够得到我们贴心的服务。同时可以询问客户：是否有需要帮忙的地方，如上牌照、维修保养、自驾游地图指南等。这个做法的目的在于让客户感受到我们的热情和优质服务，不是完成交易以后就结束了，而是伴随客户用车的整个过程。无可置疑，这些做法有助于提高客户对企业的认可度，进而提升客户的忠诚度。这也就是我们希望通过服务吸引并维持客户的目的所在。

在整个汽车销售过程中，态度和服务很重要。汽车销售顾问一定要以客户为中心：凭借良好的心理素质、高尚的职业道德和全面的工作能力，为客户提供热情而又周到的服务，消除客户的各种疑虑，当好客户的参谋。

2. 利用各种有效途径，发现和培养新客户

要开发新客户，应先找出潜在客户，而寻找潜在客户必须多方进行。增加潜在客户的渠道有很多，有朋友介绍参加车展举办的各种试乘试驾活动，有驾驶学校、汽车俱乐部、汽车维修厂等汽车潜在客户集中的单位或场所。此外，还有老客户给售后服务人员的介绍信函、汽车相关的网站论坛等，也是帮助销售顾问大量接触客户的一个好办法。从发现客户的角度来说，销售信函尤其电话，是最能突破时间与空间限制，最经济、最有效率的接触客户的工具。汽车销售顾问若能规定自己每天找出时间至少打五个电话给新客户，那么一年下来就可以增加 1 500 个与潜在客户接触的机会。

3. 针对客户的喜好特点，提供个性化服务

客户都有自己的喜好特点，这点毋庸置疑。问题是，如何将其运用到销售领域呢？汽车销售顾问又该如何把握这点呢？可以根据客户的喜好，设计并提供针对性的服务，让客户感到省心、贴心。如世界知名的利兹卡尔酒店，只要客户第一次入住，酒店都会记下客户的特殊偏好，如饮食的口味、灯光的明暗、枕头的高矮等。当客户再次光临时，酒店就会根据客户的个人喜好安排服务，让客户真正感受到宾至如归的感觉。

更多地了解客户，使客户相信汽车销售顾问是真正地喜欢他、关心他，这样成交的希望就增加了。为此，销售顾问必须了解客户，搜集客户的各种有关资料。所有这些资料都可以帮助销售顾问接近客户。谈论客户感兴趣的话题，可以让他们高谈阔论、兴高采烈、手舞足蹈。只要让客户心情舒畅，他们自然不会让销售顾问大失所望。

4. 学会跟踪回访，提高客户认知度

关于跟踪回访，有一个关于人事招聘方面的生动实例：有个人看到某公司的招聘广告，在应聘截止最后一天，向该公司投来他的简历（最后一天投简历的目的是使他的简历能放在一堆应聘材料的最上面）。一周后，他打电话来询问公司是否收到他的简历（当然是安全送达），这就是跟踪。四天后，他打来第二个电话，询问公司是否愿意接受他新的推荐信（西方人对推荐信格外重视），公司的回答当然是肯定的，这是他第二次跟踪。两天后，他将新的推荐信传真至人事办公室，紧接着他电话又跟过来，询问传真内容是否清晰，这是第三次跟踪。该公司对他专业的跟踪工作印象极深，最终录用了他。

不断地跟踪回访，不仅仅希望客户熟悉销售顾问及其所在的公司，更倾向于提高客户对销售顾问本身及公司产品、服务等方面的认知度。

三、客户管理的内容

客户管理的内容，简单来说，就是在充分分析的基础上，找出哪些是我们的客户，哪些是重点客户，这些客户有什么样的需求，和我们存在哪些关系等，以此对客户资源进行跟踪和维护，并作为我们决策的依据，提高销售的针对性。

1. 现场接待客户

现场接待是客户管理的起始，甚至可以说是客户管理的基础。汽车销售顾问常常通过现场接待获得客户的第一手资料。

（1）接待潜在客户

进入销售现场的不一定都是客户，但有可能成为潜在客户。认真对待进入卖场的每一个人，就是创造销售机会的开始。

1）及时接待

接待进入销售卖场的客户，不同的专卖店有不同的规定和理解。有的专卖店采用抽签的方式，决定接待潜在客户的销售顾问；有的专卖店采用轮换的方式，还有些汽车销售展厅管理专业性不强，当客户走进来后，不是没人接待，就是接待的人过多。

如有的4S店对展厅的销售管理不到位，汽车销售顾问接待到店客户的安排基本无序，往往看谁有空闲，凭自觉，完全随机。如果有客户进店，恰好这时候汽车销售顾问又没有空闲，那么这个客户将被搁置，没有人招呼。甚至当他需要帮助、有疑问的时候，也无人搭理。另外一种情况是，许多汽车销售顾问有空闲，若进来的潜在客户是一个外表看起来非常有希望的买家，销售顾问就会蜂拥而上，让客户感到如同进了百货大楼的卖场。即便有的展厅销售管理很到位，也无法有效避免上述两种情况。这时候，安排一两位临时接待人员是个不错的办法。如奥迪的

展厅里就设置有接待台,后面总有一位或两位接待人员,负责接待没有销售顾问招呼的潜在客户。

2)判断接近时机

当一个客户走进汽车展厅时,汽车销售顾问立刻切入购车主题并不适合。这时候,可以通过打招呼、问候等方式,做简单的招待和交流。然后留一些时间让他们先随便看看,并告诉他们有问题可随时找人。当客户的目光聚焦点不再是汽车,而是朝四周搜寻的样子时,这就是客户寻找汽车销售顾问提供帮助的信号。其他诸如拉车门或试图打开汽车的前舱盖、后备厢等也都是客户发出的信号,销售顾问要把握时机,及时提供服务。

3)正式接待技巧

当汽车销售顾问接近潜在客户时,首先应该说什么呢?是"这款车是新到的,这款车的技术很领先,因为许多科技成果被首先应用了",还是"这款车上周刚获得中国汽车杂志的评价,是年度车"等?这些话会有效吗?应该说很难。当与客户从陌生开始沟通的时候,老道的汽车销售顾问一般不先说与车有关的事情,而是聊些题外话。可以谈谈天气,可以谈谈刚结束的车展,还可以谈谈让客户感觉舒服、不以成交为导向的任何话题。再比如,话题可以是与客户一起来的孩子,长得真高,多大了,比我侄子可高多了;也可以是客户开的车,保养得真不错等。所有这些话题的目的就是初步降低客户的戒备,逐渐缩短双方的距离,更自然地向购车话题转换。

4)接待成功案例

在美国福特汽车内部,有一位连续保持20年销量冠军记录的经销商,他模仿五星级酒店的做法,在展厅的门外安排了两个门童。只要有客户准备进入展厅,就先由两位门童接待。通过短暂的3 min的交谈,门童将客户安排给某一个销售顾问。看起来这并不是一个多么有创意的方法,但关键是,该经销商挑选了有心理学本科学位的人来做门童。于是,只要通过简短的交谈,有心理学背景的门童就大致了解了这个客户的行为倾向,从而有针对性地将内向的客户安排给外向的销售顾问,将外向的客户安排给内向的销售顾问,形成了绝好的搭配。而且,经销商也不必担心由于销售顾问的跳槽而带来的客户关系维系成本的上升,因为维系客户关系的一部分职责由门童分担了。

(2)区分客户类别

经过初步的观察、闲聊,汽车销售顾问对所接待客户的类别,即可能购车的倾向性也有了大致的印象。

1)随便看看型

走进销售展厅的不一定都是想购车的客户,很多人其实只是随便路过进来看看,满足一下好奇心，这类客户的普遍特点：一是言谈与行动不同，走进的是越野车展厅，问的却是关于小型或紧凑型汽车之类的问题。二是没有明确的喜好，看到什么就喜欢什么，对汽车没有一个相对固定的评判标准。三是直接问价，尽管对车型的具体情况还不甚了解。

对于只是随便看看的客户，汽车销售顾问不必特别在意或干预。若客户有问题咨询，给予解答即可。

2) 特意了解型

有些客户进入汽车展厅，并不是看看了事，他们会对具体车型做深入了解，但没有购车意向。这些客户的普遍特点：一是目前没有购车的经济实力，但并不意味着他们一直没有经济实力。他们也许正计划着有足够的支付能力时就出手购买汽车，现在提前了解一下行情。二是已经购买了其他汽车，但是通过对现在行情的了解，判断自己过去的采购决策是否正确。三是其他原因，如替朋友来看车等。

对待第一种类型的客户，由于他们看车的真实目的并不是在较短的时间内采购，因此汽车销售顾问要控制好自己的有效销售时间，一般在 10 min 内解决问题。不过可能的话，销售顾问最好获得对方的名片或联系方式等。若销售顾问看重长期的效果，对交谈 10 min 以上的客户都应该做记录，以备拓展未来的社会关系，也是工作的一个积累。

对待第二种类型客户，努力介绍售后服务会帮助你建立客户关系。通常，决定客户在什么地方购车的一个因素，就是该地方的售后服务能力。因此，对这类客户有意识地强化售后服务，就是给未来做铺垫。即使客户已经购买了汽车，他也可能影响到周围的人。汽车销售顾问建立这类关系的目的，就是深入地争取竞争对手的客户，尤其是竞争对手现有的客户。也许客户暂时没有经济能力，但如果销售顾问给他留下了很深刻的服务概念，则一旦有买车的经济能力，客户就可能过来。

最后一类客户，就是购买可能性最大的客户。这个时候，销售顾问需要做什么呢？要努力地观察，看这个客户对什么车型感兴趣，然后接近客户，打招呼、寒暄，但不能直接切入主题，如今天买哪辆车，现在就付款吧等，那样肯定招致客户的反感。那么如何寒暄呢？寒暄要通过引入公共话题来打破陌生感，消除对方的防范意识。哪些才是共同话题呢？诸如体育、新闻、天气等。当达到一定火候时，切换到购车主题上来，主要介绍客户感兴趣的那款车。这个时候介绍应详细，应根据客户的不同侧重点介绍。若是客户提出试乘试驾，则在试车过程中详细介绍车辆的加速性、安全性、舒适性以及操控感，效果会更好。在交流过程中，客户随时可能离开，要注意争取获得其联系方式，这非常重要。

（3）不同层次的客户接待

在汽车销售过程中，客户的层次各不相同，有的客户只想看看车型资料，了解一下相关知识，有的客户想看到车后再决定；有的客户则早就看好了车现在想谈价格等。对于不同层次的客户，汽车销售顾问应区别对待。

1）客户想要车型资料

当客户想要车型资料时，询问客户想要哪种产品型录，同时递上自己的名片。若客户就车型录中的相关问题咨询，销售顾问应对客户进行回应。解说时避免使用专业术语，尽量用适当的比喻，以通俗易懂的语言说明，介绍过程中，适当留给客户一些思考的空间，不让客户感到有压力。询问客户的基本信息，若客户不愿意回答，不宜追问不休，可用意见征询或赠品发放登记等形式，不留痕迹地留下客户的基本资料。

2）客户想看车，但自己感兴趣的车还不明了

当客户想要看车，但不明了其感兴趣的车时，采用开放式的提问，确定客户的购车动机。尽量让客户发表看法，并仔细聆听客户的话，适当地对客户表示赞同。若谈话中涉及一些有关客户的重要信息，不妨强调和重复一下。最好通过聊天的形式，打探出客户的生活方式或所期望的汽车功能，以便决定向其推荐的车型档次。然后根据客户的购车倾向，向客户推荐他可能感兴趣的车，并带客户去看车。

3）客户想看某种具体的车型

当客户想看某种具体的车型时，询问客户以前是否来店看过同样的车，确定客户的购车经验，以免重复介绍。当客户确认希望购买的车型时，可将客户引领至其感兴趣的车型旁边，进行实地现场感受。

4）客户想洽谈某车型的价格

当客户想洽谈某车型的价格时，询问客户是否已经看过其所要的车，是在本店还是在其他店里，并确认客户所要的车型和档次。然后根据客户情况给出不同配置的报价，切忌一开始就给客户报最低的价格，因为报出最低的价格之后，即使配置再好，客户也不愿意再出高的价格。

2. 回访跟踪客户

客户回访跟踪，是每一个汽车销售顾问无法回避的工作，因为希望客户第一次来现场就完成销售与购买产品，那只是理想的状态，基本上不太现实。那么，在客户走后的及时回访追踪，就显得非常重要了。

（1）回访跟踪的重要性

美国专业营销人员协会和国家销售执行协会的统计报告显示，2%的销售在每一次接洽后完成，3%的销售在第一次跟踪后完成，5%的销售在第二次跟踪后完成，10%的销售在第三次跟踪后完成，80%的销售在第4～11次跟踪后完成。

由此可见，大部分销售并不像我们通常想的那样，在交易现场就完成了。恰好相反，很多

交易的达成其实是多次回访跟踪后的结果。然而，在我们的日常工作中，80%的销售顾问在跟踪一次后，不再进行第二次或第三次跟踪，而能够坚持到第四次跟踪的销售顾问不超过2%。

其实，积极有效的回访跟踪工作，不但加深了销售顾问与客户之间的交流，更利于了解客户的想法和需要。同时，多次的回访交流，容易给客户留下深刻的印象，一旦客户采取行动，自然会首先想到与他交流不断的销售顾问，而不是其他人。

（2）回访跟踪的策略

回访跟踪的最终目的是销售，但形式绝不是我们经常听到的"您考虑得怎么样？""什么时候来店付款？"等。

有效的回访跟踪，除了注意系统连续外，更需要讲究策略和方法。如采取较为特殊的跟踪方式，为每一次回访找到漂亮的借口，加深客户对您的印象。注意两次跟踪的时间间隔，太短会使客户厌烦，太长则让客户淡忘，一般以间隔2～3周为宜；每次跟踪切勿流露出强烈的渴望，而是试着帮助客户解决问题，了解客户最近在想些什么，工作进展如何等。

1）电话跟踪

电话跟踪，首先是时间的选择。究竟什么时间给客户打电话最好？这个因人而异。根据客户的忙碌程度，一般分为两大类，即上班族和无业族。针对这两类客户，挑选合适的时间，才能得到最佳的沟通机会。

若客户是上班族，不要选择早上打电话，因为早上是上班族最忙的时候，一般来说，他们都不会和销售顾问用心交谈。中午也不是最佳时机，因为中午休息时间比较短，有的客户还要急急忙忙地赶回家吃饭。什么时间是最佳时间段呢？通常在晚上7点到8点。在这放松的时刻，大多数上班族比较闲。如果打电话，一般客户都会用心交谈。

若客户是无业族，也不要早上打电话，因为这个时候他们基本上都在睡懒觉，打电话给他们，好的情况是敷衍几句，脾气差的还会发怒。晚上也不是很好的时间，因为晚上可能约了一帮朋友在一起喝酒、聊天，不会和你聊这些问题。那么什么时间比较合适呢？午后，这个时间段是他们比较闲的时候，适合交谈。

电话回访追踪，还要注意准备充分，态度恳切。在给客户电话之前，首先要明确自己的意图和目的，不要拿起电话不加思索地就给客户打过去。在通话之前，必须事先精心设计好自己的开场白。在谈话的时候，应口齿清楚、语调平稳、言辞恳切、理由充分。当陈述约见事由时，简明扼要、切记心浮急躁、口气逼人，若客户不愿约见，更要心平气和、好言相待。在约见的时候，更要积极、主动，不给客户拒绝、托辞的机会。

2）信息跟踪

信息跟踪，就是应用短信客服软件和微信等聊天软件建立一个客服平台或聊天群组，通过发送信息来发布促销信息、回答客户询问，以进行产品宣传推广、业务跟踪、会员管理以及售后调查等。

在市场营销宣传和推广方面，应用信息、短信、微信群发，面向目标市场大批量、大范围的发送产品宣传短信、微信广告，利用短信、微信广告到达率高、浏览率高、费用低廉等宣传特点传播广告信息。

在促进销售的业务跟踪方面，利用短信平台或聊天群，与客户之间建立一个双向互动的短信信息平台，形成持续的业务跟进。

在促销广告传达，促进购买方面，利用短信进行促销信息发布扩大宣传。与防伪业务结合，采取设奖的方式引导消费者购买并查询产品，在促进产品销售的同时，可有效地发现并打击假冒产品。

3）约见跟踪

约见跟踪，就是约定一个时间，与客户面对面地交流。相比电话跟踪和短信跟踪，正面约见跟踪可以现场沟通，因而对客户的说服力要有效得多。

约见跟踪是很好的沟通机会，要好好把握，应注意：一要表达自己丰富的感情。交流时妙语连珠固然好，但如演员表演一样，只有当自己的感情融入妙语时，才会产生感人的力量。若不能将自己的体会一并传达给听众，成千上万句"妙语"也只是聊天的话语，对于销售目的而言没有任何作用。二要避免说教指示的口气。客户和你都是平等的交流对象，彼此不存在谁对谁错、谁高谁低的问题。因此交流中不要带有任何说教的语气，以免引起客户反感，破坏了沟通应有的目的。三要擅用肢体语言。虽然手势、眼神、微笑只是一种无言的动作，却散发着无比的魅力。它们能抓住听众的眼光，让听众在不知不觉中就随着你的手势或微笑，了解你所要表达的意念。记住，肢体语言的表达在说"妙语"的时候占有80%以上的重要性，所以请不要吝啬活动你的双手、双脚及眼、耳、鼻、口、舌。四要善用倾听的技巧。只有有人听，"妙语"才能起作用，但是谁要听？是你。当你听懂别人的话，按照对方的需求，可能只要回复一句话就够了，但是当你听不懂客户的话，随便回答就算是讲千言万语，也于事无补。我们怎样听？听什么？必须对事物有一个概括性的了解，以确保交流能够产生预期性的效果。

4）根据客户分级，选择跟进方法

跟进前将客户的记录做到位，如客户的年龄、性别、电话、单位、车型、长相特征、喜好及所谈重点等，以便分析该客户的类型等级，做出正确评估。然后，即可根据所做评估跟进。

一周内成交（含交订金）的客户，客户级别为H级，当日或第二日必须跟进，每隔两天必须打一个电话确定是否订车。

两周内成交（含交订金）的客户，客户级别为A级，当日或第二日必须跟进，每隔三天必须打一个跟进电话，适时上门拜访。

一个月内成交（含交订金）的客户，客户级别为B级，三天内必须跟进，每一星期跟进一次电话，适时上门拜访。

两个月以上成交（含交订金）的客户，客户级别为C级，三天内必须跟进，每两星期跟进一次电话，适时上门拜访。

简答题:

1. 接待客户前应准备好哪些必备资料?

2. 汽车销售中FBI代表什么意思?

3. 被称为"世界上最伟大的推销员"的人叫什么名字?

4. H类、A类、B类、C类客户的成交时间各是多少周?

课题四 客户需求分析

[知识目标]

1. 掌握了解客户需求的方法。
2. 掌握赞美客户的方法。
3. 了解客户购买动机的特征及分类。
4. 了解对客户合理化建议的内容。

[能力目标]

1. 能够主动挖掘客户的需求。
2. 能够正确分析客户的需求。
3. 能够利用自己的专业知识和技能满足客户的需求。

课题四 客户需求分析

任务一　了解客户的需求

成功的销售活动的第一步是了解客户的需求。只有贴近客户、了解客户的真实需求，才能做出针对性的销售咨询。否则，对客户需求的模糊或缺乏了解，就无法有针对性地进行销售咨询，难免出现隔靴搔痒的尴尬，销售效果自然大打折扣。

一、聆听

1. 聆听的方法

聆听是一门艺术。要学聆听，认真地听、主动地听，要掌握聆听的方法。那么，如何做一名优秀的聆听者呢？

（1）眼耳并用，保持正确的倾听姿势

聆听时，要同客户保持稳定的目光接触，鼓励客户表达自己，以便聆听全部信息。注意保持正确的聆听姿势，并适时表现出聆听的兴趣，切忌弄虚作假，敷衍了事。

（2）适时参与谈话

在聆听过程中，还可适时主动地与客户交流，这不但能帮助销售顾问更接近客户、了解客户，也能让销售顾问被客户了解。

（3）留意客户的"弦外之音"

有时候，针对销售顾问地询问，客户并不直接表明自身的看法、观点或要求，而是较为隐晦地或采取旁敲侧击的方式，说些看似无关却富含深意的话，这需要销售顾问细心体味，善于发现，找到销售契机。

2. 聆听的注意事项

（1）注意与客户的距离

人与人之间的距离很微妙，过近的距离往往让人感到不舒服。对于那些敏感的客户，更加如此。那么，什么距离才会有安全感呢？通常，当客户的视线能够看到一个完完整整的人，即从上能看到汽车销售顾问的头部，从下能看到脚，这个距离客户感觉是安全的。

心理学里面基本的安全感出自这个角度。如果说你与客户谈话，双方还没有取得信任，就马上走得很近，对方会有一种自然的抗拒、抵触心理。其实，当一个人对另一个反感的时候，他连对方身体散发出来的味道都讨厌；当这个人对对方有好感时，就会觉得对方身体散发出来的味道都是喜欢的。所以，当客户不讨厌你时，他会很乐意与你沟通。

（2）注意聆听的专注程度

当客户要买车时，他的需求、他的顾虑及要求都想告诉销售顾问，让销售顾问做他的参谋。这个时候如果销售顾问在认真聆听，客户会感受到尊重，心理上会获得满足感，如图4-1所示。如果客户在讲，却发现销售顾问没有仔细听，或者根本没有听，客户就会认为销售顾问不尊重他，自然就会心生不满，后果可想而知。

图4-1 聆听客户

（3）注意与客户交流的技巧

一是认同对方的观点。销售顾问要认同对方的观点，不管对方是否正确，只要与买车没有什么原则上的冲突，你就没有必要去否定他。你可以说："对，您说的有道理。"同时还要点头微笑，还要说是，这样客户才会在心理上感觉轻松，感到销售顾问很认同他。

二是善用心理学。从心理学的角度讲，两个陌生人要想成为朋友，达到一个人将自己心里的秘密告诉另一个人的熟悉程度，经权威机构调查得出，最少需要一个月。由此可见，汽车销售顾问要想在客户到店交流的短短几十分钟里，就确立巩固与客户的关系，显然很不容易。在这种情况下销售顾问要赢得客户，不仅需要技巧，还应适当掌握一些心理学的知识。当然，运用心理学进行销售时，我们要本着对客户购买负责的态度，绝不能运用心理学欺骗客户。

二、需求咨询

通过聆听有可能掌握到客户的大致需求。这时销售顾问可以通过主动询问，切实了解客户的需求。谈话需要弄懂的问题包括：客户对我们的产品（即车）有需求吗？这种需求来自哪里？支持

课题四 客户需求分析

客户需求的深层次动机是什么?客户真正了解自己的需求动机吗?此外,客户对自身的需求有什么特别期待吗?

1. 询问

正确而得当的提问,是了解客户需求的最好方法。它能够帮助汽车销售顾问掌握客户目前的情况,能够引导客户朝着销售顾问所希望的方向表达自身的需求。同时,透过询问能找到更多的资料,支持汽车销售顾问更好地服务客户。

(1) 询问的目的

为最终销售服务的询问,要有明确的目的。首先是引导谈话,让客户感受到"重视"。在与客户建立和谐谈话环境后,更近一步了解客户需求,为产品介绍做准备。交谈伊始,可以从对方感受出发,提一些带人文关怀的问题。诸如:先生想喝点什么饮料?咖啡还是茶?热的还是凉的?初步放松客户的戒备心理。当客户安下心来,可以用寒暄的方式提问。如您是怎么知道我们店的?是开车过来的吗?怎么样,路上还好走吗?通过聊天式询问,分散客户的注意力,化被动为主动。若听客户说是开车过来的,可以顺势提问:不知道您现在开的是什么型号的车?感觉怎么样?把握机会逐渐切入主题,了解客户的大致需求。

有一些话题,身为汽车销售顾问一定要问,这能够发现客户很多的有用信息。如上面说到的问客户开的是什么车,感觉怎么样?就这个问题,客户一定有一个意见。从中,销售顾问可发现客户的满意之处,也必定可以发现客户不满意的地方。这些满意和不满意的地方归结起来,可以说就是客户对新车的期待。比如销售顾问问捷达很耐用吧,客户表示也就那么回事,大毛病没有小毛病不断,凑合开。这一点就表明客户对新车质量的看法,没有大毛病那是应该的,也别有小毛病。

(2) 询问的方式

提问也得讲究方式、方法。在与客户交流时,尽量不要让他有压迫感,所有的言谈举止,如微笑、打招呼等,都要达到热忱相待的水平。同时,要做好自我管理,使每位客户感到满意并信赖你。

1) 开放式提问

开放式提问是指提出一些范围较大的问题,对回答的内容限制不严格,给对方充分自由发挥的余地。如:您对车的主要要求是什么呢?您是想看看我们哪款车呢?

2) 封闭式提问

封闭式提问是指提出那些答案唯一,范围较小且有限制的问题,主要用"是"或"不是","要"

或"不要","有"或"没有"等简单词语来回答。如：先生您是选择高配还是低配？三厢车还是两厢车？

值得一提的是，没有任何证据表明，在成功的销售案例中，我们的销售顾问使用了更多的开放式问题。也没有是更多证据表明销售的不成功是因为销售顾问使用了更多的封闭式问题。其实，内容决定形式，不论是开放式提问，还是封闭式提问，都只是方式的差异，根本性的问题还在于问题内容的选择和设计。

3）询问的顺序

设计询问的顺序，实际是引导销售的过程。汽车销售顾问可以通过一系列精心策划好的问题一步一步地化被动为主动，将客户的注意力引向销售过程，向销售顾问期望的方向发展。

销售案例

某日起亚销售展厅内，走进来一男一女两名客户。他们神态亲密，年龄30岁上下，女士穿着讲究，气质不错。男士则衣着正式，一望可知为白领上班族。

两人一进门，先搜寻了片刻，就兴冲冲地朝车展台上的K2走去。针对销售赵小姐的迎接问候，他们只是稍稍点点头，然后就自顾自地观赏车辆，根本就没理会其他事情。

根据多年的销售经验，赵小姐判断这两人应是不错的潜在客户。她跟随上前，第一时间对两位兴高采烈的客户表示欢迎，并自我介绍、递上名片。同时，微笑着询问：不知道有什么可以帮助到两位的呢？"

男客户直截了当地问：这就是起亚K2吧？多少钱？性能怎么样？你给我们介绍介绍？

赵小姐略一思考，回答道：这辆展车是起亚K2 1.6L顶配版的。二位是想看看车是吧？您看这大热天的，二位专程跑一趟，不容易。您二位先请坐、歇会，我给您倒杯水，关于车的配置和价格一会我再给您详细介绍。

说着，赵小姐做出手势，将两位客户引领至最近的休闲桌就座。男客户随手把捷达车钥匙放在桌上，女顾客很自然地把挎包移到身前怀中。这些，赵小姐都看在了眼里。

等二位客户坐好后，赵小姐问：二位喝点什么饮料呢？我们这里有矿泉水、咖啡，还有新到的绿茶？哦，都是免费提供的。

两位客户互相交流了一下眼神，女的说，我来一杯绿茶吧。男的说，我来一杯咖啡吧。

赵小姐为两位客户分别端上绿茶和咖啡。

赵小姐：二位是头一次来我们店吧？还没请教二位怎么称呼？

男客户：嗯，我姓李。这是我爱人。

女客户：我姓张。

赵小姐：哦，李先生，李太太。二位是怎么知道我们店的？是路过吗？

男客户：我们是看宣传页上的广告，正好我单位就在附近，下班顺便来看看。

赵小姐：这样啊。二位是开车来的吧？怎么样，路上还好走吧？

男客户：还行吧，就是有点堵车。

赵小姐：是，现在的交通真成问题，特别是早晚的上下班高峰，坐公交车又挤又慢，再过两天又该热了，真受罪。

女客户：可不是吗！自打搬家以后，我现在每天上班差不多得两个小时，中间还得倒车，有的时候挤不上去只好打车。

赵小姐：对，现在没个车还真是不方便。那二位这次是想换一辆车呢，还是新添一辆？眼神自然落在休闲桌的车钥匙上。

男客户：哦。我现在开的是单位的车。原来还能顺路送她上班，这不，刚买了房子，不顺路了。挤公交车实在受罪，就打算给她看看车。

赵小姐：是这样啊。张先生不但事业有成，还这么体贴人，真是模范老公啊。

两位客户相视一笑。

赵小姐：那买车以后主要是李太太开吧？不知道您以前开过什么型号的车？

女客户：哦，我以前拿他们单位的捷达练过手。时间也不长，别的就是学车的时候开过桑塔纳。

赵小姐：捷达可是一款好车，提速快、省油、空调也不错，特别皮实，不知道您开的感觉怎么样？

女客户：提速快我倒是感觉不出来，就是觉得手动挡的太麻烦，特别是堵车的时候，要是赶上坡起，还是有点紧张。另外就是外形太老气，而且配置也不高。最近还老出毛病。

从以上谈话的过程可以看到，销售赵小姐先是通过询问客户需要什么饮料，为客户端茶倒水，暂时消除或放松客户的戒备心理。然后，通过询问姓名等寒暄，分散顾客的注意力。第三步，也是最重要的，寒暄中通过询问客户是否开车以及开车的感受，将话题自然地引到购车上来，变被动为主动。

2. 寻求认同

提问若是主动出击，那么寻求认同就相当于确认战果。销售的诀窍不在于提问如何多、如何完美，而在于求得认同。不断获取客户认同，是推销产品的关键。因为，客户认同了，销售也就差不多了。

汽车销售顾问寻求认同的方式方法如下。

（1）模仿客户

在人际交往中，模仿是一种获得认同的方式。模仿他人的行为，可以让他人看到自己熟悉的形象，容易放松戒备和警惕，甚至将模仿者视为他的朋友。因此，无论是在商场还是在外交场合，模仿行为无处不在。在销售过程中，汽车销售顾问可以通过模仿客户，令客户产生难言的亲近感，好像面对的就是自己一样。而客户自然不会拒绝自己，生意就很容易成交。

（2）认同客户

对客户表示认同，如认同客户的喜好、观点等，汽车销售顾问可以让客户在销售过程中获得知己的感觉，体味到温馨，与客户营造一种"零距离"氛围，自然也会赢得客户的认同。如：一个人最在意自己的孩子，那么你见了他，首先赞美他的孩子，他很可能会把你当成朋友；又如一个人喜欢下围棋，你见了他首先谈围棋术语和相关新闻，或赞美他围棋技艺，他会把你引为知己;再如一个人喜欢某位明星,如果你也是那位明星的拥戴者,就会很快获得他的认同等。客户获得他所认同的东西,自然容易反过来认同销售顾问和企业。

(3) 找寻产品与客户的相似性

在现实交易活动中,客户更倾向于购买或使用与自身身份存在相似性或一致性的企业产品或服务。如追求品质、品位的客户到一些高端百货购物,因为他们感知到个人身份与商城身份的相似性,从而产生对商城的认同。

我们知道,客户的购买心理可以改变,但要改变客户的价值观则很难。每一件产品的价值定位,只能针对价值观相同的客户,不可能针对所有客户。所以,汽车销售顾问若能通过寻找产品与客户的相似性,让客户产生强烈的认同感,销售也就水到渠成了。

三、赞美客户

每个人都喜欢听赞美自己的话,喜欢赞扬他们的人,尤其喜欢那些明确表达喜欢他们的人。因此,赞美人是迅速拉近交际距离的好方法。在销售活动中,要使客户相信你喜欢他们、关心他们,就必须学会赞美客户。

赞美不是谄媚,而是真诚地欣赏。只要你有方法让客户心情舒畅,客户就不会让你失望。在赞美的促动下,我们可以让客户高谈阔论、兴高采烈,也可以更有效地跟客户讨论问题,谈论他们的喜好、思想以及感兴趣的事。通过这些,你就会知道客户喜欢什么、不喜欢什么,更精确地判断客户的需求倾向,为自己的销售活动做引导,让客户帮助你寻找到客户自身的需求。

1. 赞美客户的方式

赞美也是一门学问,如何让客户在赞美中感受到真诚和快乐,并最终将真诚和快乐转化为对销售的助力?需要注意方式方法。

(1) 赞美客户的显而易见的优点

赞美不是随随便便地说几句就可以了,赞美应符合事实,要言而有据。客户区别于其他人的亮点,特别是那些显而易见的优点,如儒雅潇洒、气质非凡等,应是销售顾问赞美客户的话题内容。这些亮点或优点,因为实实在在地存在于客户身上,所以一经点出,很有说服力,不会让人产生谄媚、献殷勤之类的不良感觉。同时,能够从内心深处激起客户的共鸣,涌起"知心知己"的亲切感,快速拉近感情距离,使交流变得轻松愉快。

(2) 赞美客户的见识

见识是一种能力。有见识说明一个人见多识广、足够明智。赞美客户的见识,首先是对客户人生经验和才智的欣赏，是对客户内在的充分肯定。与纯粹赞美客户的优点相比，赞美客户的见识更显得亲近、真诚，也更易于切入汽车销售的情境。因为，好的见识通常表现为独到的判断力。选择什么样的车型？一方面源于客户的需求；另一方面取决于客户的判断：该车是否能满足需要？是否物超所值？赞美客户的见识，相当于巧妙地告诉客户要相信自己的判断，从心理上消除客户做决定那种患得患失的情绪，维护愉快的销售过程。

（3）赞美客户的选择

和其他消费行为一样，客户购买汽车是一系列的选择过程。选择什么渠道，是传统交易市场、汽车超市，还是品牌授权4S店？选择什么类型的汽车4S店，是宝马、奔驰，还是奥迪？选择什么样的车型，是小型车、紧凑型车，还是中级车？客户所做的种种选择，大多来源于自身需要、购买能力或其他一些现实因素的影响。作为汽车销售顾问，对于客户深思熟虑后所做的选择，应当给予热情的肯定和赞美。

2. 赞美客户的注意事项

（1）发自真心，真诚地赞美

每个人都喜欢被人赞美，但只有发自真心的赞美才能打动人。赞美的话若不真诚，则很容易给人留下言不由衷的感觉。一方面客户或许会猜疑对方在正话反说，反而从心理上产生隔阂、疏离感。另一方面，客户可能感到对方有些虚伪，进而影响到对销售顾问工作的判断，不再信任销售顾问。

（2）客观赞美，不可过度热情

赞美不是空穴来风，要有根有据。若想赞美客户拉近距离，最好能找出客户的特别之处，表现出实在的欣赏态度，亦不可过度热情。否则，容易让人误以为销售顾问在谄媚，在向客户献殷勤，这样效果自然不会好。

（3）注意态度，慎重用词

赞美要通过语言，但不仅仅表现为语言。赞美的话，若和语气、神情等不搭配，甚至截然相反，如不屑一顾的眼神、漫不经心的语气等，很难让客户感到这是在赞美他（她），反而让人觉得轻视、忽悠的成分多些，难免令客户反感，也许失去购买的兴趣。此外，赞美一定要慎重用词，要注意场合，不是什么好话都适合脱口而出的，尤其切忌啰嗦地说个没完，令人生厌还不免口误。

任务二　分析客户的需求

如果有人问客户为什么购买汽车？客户会说：为了上班方便，免得挤公交，如果进一步问客户：那么多品牌车型，怎么就选择这一款呢？客户会说：这款车车型漂亮、价格实惠啊！上述理由其实都属于购买动机。汽车销售顾问要抓住客户的需求，至少应该找到需求的来源，即购买动机，找到需求的方向，即购买重点。

一、客户购买动机的特征

客户购买动机是一个复杂的体系，虽然这一体系随着客户需求的变化和外部环境的刺激而不断变化，但也有一些共同的特征。

1. 复杂性

客户的购买动机是很复杂的，一种购买行为往往包含着若干个购买动机，相同的购买动机也可能表现出不同的购买行为。客户复杂而多样的购买动机往往以其特定的相互联系构成动机体系。

在客户的购买动机体系中，各种动机所占的地位和所起的作用是不同的。较强烈而稳定的动机称为优势动机，其余的则称为劣势动机。一般来说，优势动机具有较大的激活作用，在其他因素相同的情况下，客户个人的行为是同优势动机相符合的。

2. 转化性

客户的优势动机和劣势动机不仅相互联系，而且相互转化。一个客户的购买行为在多种购买动机驱使形成的过程中，优势动机往往起关键作用。但是，如果在决策或选购的过程中，出现了较强的外部刺激，如购买现场的广告宣传，或发现钱不够，或近期某种产品的价格调整，或销售顾问态度恶劣使人难以忍受等，迫使客户购买的优势动机被压抑，优势动机就可能向劣势动机转化。

3. 公开与内隐的并存性

在客户的多种多样的购买动机中，有些是有意识的公开的动机，即完全知道行为背后的动机，而有些则是无意识的内在隐藏着的动机。客户的购买行为来源于有目的的决策。其中，购买动机十分明确，并可以表达，就是有意识地公开的动机；当一个客户无论如何也不能说清楚某一特定行为的真正动机，或者出于某种原因，以劣势动机或其他动机掩盖其优势动机或真正动机的，就是内隐性动机。由于客户的有些购买行为是在潜意识的支配下进行的，或者是许多动机交织在一起的，因此优势动机与劣势动机往往不易辨认，有时连客户本人也说不清楚。

4. 冲突性

客户多种多样的购买动机有时也会出现相互冲突或抵触，使客户在购买产品时出现左右为难的情形。当客户的购买动机发生冲突和斗争时，销售顾问应该抓住机会及时指导和引导，促使客户做出购买决策。

5. 指向性

客户的购买动机具有指向性，即方向性、目的性。它能使购买行为保持一定的方向和目的，因此动机从总体上来说是自觉的，同时，由于动机是一个内在的心理过程，属于主观范畴，这种心理过程本身是看不见、摸不着的，只能从动机所推动的行为来分析它的内容和特征，因此动机与实践有着密切的关系。客户的任何行为或活动总是由动机支配的。研究客户动机，就是把握客户购买动机发展变化的规律，根据其指向性的特征，组织销售活动。

二、客户购买动机的分类

1. 情感动机

情感动机就是由人的情感需要而引发的购买欲望。目前，越来越多的父母将汽车作为生日礼物、嫁妆等送给子女。

2. 求实购买动机

求实购买动机是指客户以追求产品或服务的使用价值为主导倾向的购买动机。客户是出于"实惠""实用"等动机产生购车欲望。在这种动机驱使下，客户选购汽车时特别注重功能、质量和实际效用，不过分强调车辆的型号、配置等，并且几乎不考虑产品的品牌、外形及内饰等非实用价值因素。由于这类客户利用汽车装货或家庭外出旅游等，所以会选择空间大、性能稳定、故障率低的汽车，而不会选择高档豪华汽车。

3. 求新购买动机

求新购买动机是指客户以追求产品或服务的时尚、奇特、新颖为主导倾向的购买动机。客户以追求汽车的新潮为主要特征。这类客户的动机核心是"时髦"和"奇特"。如车型时髦的保时捷深受消费者的青睐，能满足一部分追时尚、新潮的消费者的心理需求，因为它设计融合了多种类型的汽车的特征，并成为了一种时尚。

4. 求名购买动机

求名购买动机是指客户以追求名牌、高档商品，借以显示或提高自己的身份、地位而形成的购买动机。具有求名购买动机的客户比较重视产品的商标、品牌、档次及象征意义，几乎不考虑车辆的价格和实际使用价值，只是通过消费来显示自己的生活水平和社会地位，以达到宣传自我，甚至是夸耀自己的目的。

5. 求优购买动机

具有求优购买动机的客户以追求车辆的质量优良为主要特征。这类客户选购汽车时注重内在质量，对外观式样及价格等不会过多考虑。

6. 求美购买动机

求美购买动机是指客户以追求产品的美感和艺术价值为主导倾向的购买动机。这类客户在选购汽车时最为关注的是汽车的审美价值和装饰效果，注重汽车的造型、色彩、图案等，汽车的实际使用价值是次要的。女性，尤其是年轻女性就是典型的这类客户。她们对时尚都有很敏感的触觉。类似大众甲壳虫这样的汽车融入了时尚元素，且具有靓丽鲜艳的颜色、灵巧可爱的造型、温馨的内饰，会引发她们强烈的购买欲望。

7. 求廉购买动机

求廉购买动机是指客户以追求产品价格低廉为主导倾向的购买动机。这类客户在选购车辆时最注重的是价格，对汽车的式样、外观及质量等不过分计较，喜欢购买由于某种特殊原因而折价处理的车辆。当汽车价格连续下降时，此类客户就会因车价相对低廉而迅速行动。

8. 嗜好购买动机

少数客户选购汽车是为了满足个人的兴趣爱好。例如，有的客户喜爱收藏赛车，而有的客户则钟情于某一款跑车。

9. 从众购买动机

从众购买动机是指客户以效仿他人，追求社会潮流为主要特征的购买动机。具有从众购买动机的客户，在选购产品时，以相关群体大多数成员的行为为准则，自觉不自觉地模仿他人的购买行为。

以上客户的具体购买动机并不是彼此孤立地存在于客户的购买行为中的，而是相互交错、相互制约的。在客户的购买活动中，起作用的通常不只是一种购买动机，而是多种购买动机同时起作用。因此，了解客户的购买动机，有助于汽车销售顾问推销客户所需求的车型。

三、客户的购买重点

购买重点是影响客户做出最终购买的重要因素。如果客户的购买重点是价格,那么有关车的任何先进技术,对他来说都没有什么作用。如果客户的购买重点是地位,那么汽车销售顾问谈任何优惠的价格,对他也不构成诱惑。

那么,如何抓住客户的购买重点呢?

1. 准确把握客户的购买动机

客户的购买动机决定了客户的购买重点。若客户购车只是用于代步,主要考虑是否经济适用,则那些性价比较高、价格不贵的车型自然是客户的首选。若客户购车是追求享受,主要考虑是否舒适,则其注意力应该落在那些乘坐舒适的车型上。若客户购车是追求名誉,主要考虑是否够面子,则眼光自然落在那些价高物美的明星车型上。由此可见,把握了客户的购买动机,差不多就可以推断出客户的购买重点,从而提供有针对性的服务。

2. 认真发掘客户需求

需求指向购买方向。通常客户的需求有两种,一种是显性需求;一种是隐性需求。但对客户来说,显性需求虽然明显但显得笼统、不完整;隐性需求则更模糊,甚至可能完全没意识到。要想抓住客户的购买重点,不但应充分了解客户自我道明的显性需求,更要发掘出客户含糊其词或不甚明了的隐性需求。

比如,一个客户想要买车,他说是为了一个交通代步工具,上班可以不用挤公共汽车。可能也不错,不用挤公交确实算得上客户的一个需求。但这就是客户的主要需求了吗?如果汽车销售顾问就着这个思维去销售,十有八九会失去这个客户。为什么呢?因为差不多所有的上班族都可能有这种想法,但是所有的上班族就得购车代步了?显然,客户这种需求的强度不够份量,绝对不足以和这个十多万的产品画一个等号,不值得。所以,如果销售顾问这样介绍产品,实际上跟没做需求分析的工作效果差不多。现实卖场中,很多销售顾问向客户推荐自己认为非常合适的产品,结果发现客户并不买账,其实也就是没有找到客户的真正需求,即客户的购买重点。

对于汽车销售来说,抓住客户的购买重点很重要。为此,必须认真发掘客户的需求,不仅仅是客户明言明语的需求,还有客户含糊其词甚至没意识到的需求。销售顾问的任务,就是将这些或明或暗的需求,发掘出来并强化它,让客户的真正需求浮出水面,最终将他们的隐性需求变为明确需求。

任务三 满足客户的需求

汽车需求分析就是为客户建立需求的过程,只有让客户自我意识到需求并得到满足,才算达到需求分析的目的。而本任务所阐述的,正是满足客户需求的一些建议和方法。汽车销售顾问应本着"以客户为中心"的原则,本着对客户负责任的态度,提供一款适合客户需求的汽车。

一、合理化建议

汽车销售顾问必须充分理解客户的的利益,围绕直接针对客户需求和购买动机的相关产品特性,完全从为客户提供建议的角度介绍汽车,帮助客户选择真正符合心意、满足需求的车型。

1. 实用性建议

只有当客户了解到一辆车是如何符合自己的需求时,才会认识到这辆车的价值。这样销售顾问所付出的努力才能获得客户的认可。

就具体的车型而言,销售顾问首先要确认客户对汽车的需求,然后有针对性地介绍汽车的各个方面。如客户有跑长途的需要,那么就不仅要有针对性地介绍发动机的省油特征,还要介绍座位的舒适性,方向盘的高低可控,以及高速路上超车的轻易感觉等。

2. 可靠性建议

体现销售顾问的顾问形象。"如果您的驾龄不长,我建议您安装倒车雷达,虽然又需要一笔费用,但是,相比您在倒车时由于没有经验导致的刮碰之后的维修费用还是值得的,而且崭新的车刮碰也会让人很心疼。根据对中国驾车者的研究,只有一年驾龄的司机倒车刮碰的机会高达67%,所以,您看有一个倒车雷达是多么有帮助呀"。

3. 经济性建议

一辆汽车,不是一件小商品,通常购买都需要投入数万、数十万甚至上百万。这对于大多数家庭来说,都是一笔不少的开支。因此,如何更实惠地购买汽车,是很多客户重点考虑的问题。销售顾问从为客户打算的角度,就经济和实用方面提出切实中肯的建议,不但让客户可以重新考量自身的购买计划,还可令客户感受到销售顾问的真诚。人们常说人与人之间要信任,但要知道,世界上没有无缘无故的信任。销售顾问只有让客户感受到他们真心为客户好,才能真正地打动客户。

销售案例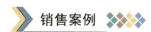

一汽大众某专卖店为了给新车开迪拓展市场,派出了一些销售员。其中一位走进了一家专做轮胎生意的批发店。

销售顾问:"老板啊,现在生意做的不错吧?"

客户:"还好。"

销售顾问:"我看您这个小车挺忙的,天天往外头送货?"

客户:"这倒是!好几个地方都有我的合作关系,经常要我的货,一次也就送个十条二十条的。"

销售顾问:"这个车看样子可是上了岁数了,油耗也高了吧?"

客户:"还可以,还可以。"

销售顾问:"哪天可别坏在路上,要是坏在路上的话得耽误事啊!"

客户:"唉,别提了,昨天不就是吗?说好了给人家送二十条轮胎,结果车坏路上了,又修不了,那边又着急啊,所以只能是临时又借了辆车过去。最后好说歹说,老伙伴反正挺不高兴但是也没说什么。"

销售顾问:"哎呀,这是问题啊老板!咱们生意人最讲究信用,您答应了人家什么时候要货什么时候送到,您这一耽误人家可不不高兴嘛!"

客户:"对对对,是这么回事。"

销售顾问:"冒昧地问一句,平常来客了,老板也是用这辆车接待的吗?"

客户:"可不是嘛。没有其他的车了啊!这辆车看起来虽然档次低,但总比没有强嘛。"

销售顾问:"如果是亲近的人,没问题。但如果是业务上的伙伴,就有些问题了。"

客户挠了挠头:"怎么讲?"

销售顾问:"比方说,和您合作的老板来咱们这边玩,您开这么个车接他们出去,好像是显得咱们这买卖做小里小气的,显得对人家不够尊重啊!您说咱们要是稍微地换一个品牌好一点的,坐着舒服点、宽敞点的,也显得您这个买卖做的大不是吗?人家看您卖邓禄普轮胎能赚到钱了,老板真有本事,一定也觉得我要是跟陈老板一块做邓禄普的生意,从陈老板这多进货,过两年我也能有这么大发展,您说是不是?"

客户点点头,觉得有道理:"那您现在给我推荐推荐,有什么样合适的没有啊?我也正想给换了它呢,挺麻烦的,就是一直没找到合适的。"

销售顾问:"恰好我们店里来了一款刚上市的新车,就是开迪。这款车有轿车的形状,空间还很大,有货车的风范,对老板这样的情况很适合。"

客户:"听起来很不错!能留下联系方式吗?改天我就去看看,到时候找您。"

然后,第二天该轮胎店老板就来到专卖店,找到了为他推介汽车的那位销售顾问,一起看了开迪那款车,最后买了一辆。

在这个案例中,销售顾问通过建议客户换车,以解决现实中的问题:一是老车容易出故障抛锚,影响送货以致损伤客户的商业信誉。二是换一辆比较好的车,向人家展示实力和前景,聚敛人气,将生意做大做强。在销售顾问这个切合需求的合理建议面前,客户自然觉得即便钱多花了一些,但能够获得这么大的利益,解决这么大的问题,也是很值得的。

二、帮助客户解决疑难问题

在此给大家举个帮助客户解决疑难问题的例子。

> **销售案例**
>
> 一个公司的总经理来到某汽车专营店,想给主管销售的副总配一辆车。他看了一款车后觉得很不错,价格方面也没问题。这时销售顾问说:"既然您都满意了,那我们就可以办手续了。"
>
> 这位老总说:"等一下,我还得回去,再征求一下别人的意见。"
>
> 这名销售顾问就想:"这个时候不能放他回去,一旦放他回去,什么事情都会发生,万一半路杀出个程咬金把这个客户劫走了怎么办?"
>
> 这名销售顾问就开始问他:"是不是我哪个地方没有说好,我哪个地方介绍得不够,还是我的服务不好?"这个地方销售顾问运用了心理学。
>
> 客户老总一听这位销售顾问讲这样的话,就说:"跟您没关系,您介绍得很好,主要是因为这个车不是我开,是给我的一个销售副总配的,我也不知道他喜欢不喜欢这个车。"
>
> 后来销售顾问又深入了解了情况,发现那位销售副总是新拿的驾照,驾车技术也不是太好,但是从事销售工作业务很多,电话也很多。所以他就跟这位老总说:"我觉得给你推荐这款车很合适,这款车是自动挡的,遇红灯直接踩刹车,也不容易熄火。"
>
> 这位老总一听:"真的吗?"销售顾问到后面开出一辆自动挡车,让他坐上去亲身体验一下。
>
> 销售顾问说:"您看,前面有红灯了,您踩刹车,看这辆车会不会熄火?"
>
> 他一踩刹车,车停下来了,没有熄火;刹车一松,车又继续往前走了。客户说:"这辆车不错,我要的就是这款车。"
>
> 这就是帮助客户解决疑难问题。客户的问题解决了,交易也就达成了。

简答题:

1. 聆听客户需求有什么方法?

2. 赞美客户有哪几种方式?

3. 如何满足客户的需求?

课题五

车辆的展示与介绍

[知识目标 ］

1. 了解车辆展示的准备工作及展示要点。
2. 掌握车辆介绍的方法。
3. 了解车辆介绍的性能。
4. 了解试乘试驾的要求。

[能力目标 ］

1. 能够正确开展车辆展示前的准备工作。
2. 能够正确进行车辆介绍。
3. 能够正确开展客户的试乘试驾活动。

课题五 车辆的展示与介绍

任务一　车辆展示

车辆展示就是指将汽车放到一个固定的地方进行的展览，如4S店展厅展示、户外车展、汽车品鉴会等。目的是让消费者更详细直观地了解产品参数及性能。

对于车辆展示，有些汽车销售商并不重视，认为只要将车辆大概地清洁一下，然后往展厅里一放就可以了。事实上，车辆展示很注重细节，不论是车辆摆放的位置，还是展车的卫生情况，都应认真对待，做到规范美观、整洁有序。

一、车辆展示前的准备

车辆展示前，应对涉及展示的方方面面做好充足的准备，如展厅的布置、展车的准备等。准备的目的就是营造良好的购车环境，激发客户的购车欲望，如图5-1所示。

图5-1　车辆展示

1. 展厅准备

展厅即车辆展示的区域，由车辆展示区、业务洽谈区、客户接待台和卫生间等组成。有的展厅还设置有儿童游乐区，供到访客户携带的孩子玩乐休息。

整个展区的布置，要求干净整洁、敞亮舒适。此外，相关标识应清晰明确，各展示牌应整齐到位，光线明亮，温度适宜。

(1) 车辆展示区

车辆展示区的安排，诸如展车的空间位置、展示面积以及彼此之间的距离等，须参照"展示布置规范示意图"执行。从视觉冲击力的角度出发，最好让车辆展示区处于关键、显眼的视觉中心位置。

每辆展车的旁边（一般是位于展车驾驶位的右前方），应设有汽车车型说明架。在说明架上应摆放与展示车型相一致的产品资料，如车型配置一览表、汽车说明或车型宣传册等。

(2) 业务洽谈区

业务洽谈区是销售顾问与客户洽谈交流的场所。布置要求：业务洽谈区应设有杂志架，摆设相关车型的宣传资料；桌面上要备有烟灰缸，每次客户走后应立即将用过的烟灰缸清理干净；须摆放绿色盆栽植物，保持生机盎然的氛围；须配有高清大屏、音响等视听设备，播放汽车广告宣传片或品牌宣传专题视频；此外，沙发、茶几等物件，应摆放整齐并保持清洁。

(3) 客户接待台

客户接待台即负责来访客户的接待与咨询的地方。布置要求：客户接待台应保持干净整洁，台面上不可以放置任何杂物。各种文件、名片、资料等物品整齐有序地摆放在台面下，不宜放置与工作无关的报纸、书刊等杂物；接待处的电话、电脑等设备应保持良好的可使用状态。

(4) 卫生间

布置要求：卫生间应有明确、标准的标识牌指引，男、女标识易于区分，卫生间的地面、墙面、洗手台等部分应保持清洁，有专人负责卫生打扫并由专人负责检查与记录；卫生间内应采用自动喷洒香水的喷洒器，确保干净无异味；卫生间内的相应位置应随时备有充足的卫生纸，各隔间设有衣帽钩；卫生间的洗手台须有洗手液、烘干机、擦手纸、绿色的盆栽等物品；洗手台上不可有积水或其他杂物。

(5) 儿童游乐区

儿童游乐区是供到访客户携带的孩童玩乐休息的场所。布置要求：应有专人负责儿童活动的看护工作（建议为女性），不宜离展车、电视、楼梯等距离太近，但应使展厅内的客户看到儿童的活动情况。游乐区内应准备一些有新意的儿童玩具。所用的儿童玩具应符合国家相关的安全标准要求，应由相对柔软的材料制作而成，不许采用坚硬锐利的物品作为儿童玩具，如图5-2所示。儿童游乐区应做好每天的清洁消毒工作。

图5-2 儿童游乐园

2. 展车准备

展车用来向客户展示介绍车型参数、性能，包括4S店热卖车型和新款上市车型等。它是整个销售展厅最重要的部分。通常，根据展厅的规模大小，停放相应数量的展车，并确保展车内外整洁靓丽。

（1）从车外来说

- 展车要经过清洗、打蜡处理，确保车身清洁卫生，无手纹、无水痕，尤其是车门把手处。
- 轮胎应清洗、上光，轮胎导水槽内要保持清洁、无异物。各轮胎内侧护板要刷洗干净：无污渍。车辆轮毂中间的品牌标志，应与地面成水平状态。可在轮胎下方放置标准的车轮垫板，位置准确，图标正立。
- 车辆前后方安装牌照的地方，须配备标准的车铭牌。
- 展车左右对应的车窗玻璃升降的高度保持一致，车身上不能摆放价格板、车型说明、宣传资料等其他非装饰性物品。
- 除特殊要求外，展车的车门要保持不被上锁的状态，以供客户随时进入车内。

（2）从车内来说

- 汽车发动机舱的可见部分、可接触部位等应清洗、擦拭干净，挡风玻璃及其下沿塑料部件结合处无灰尘。
- 去除座椅、方向盘、后视镜、遮阳板上的塑料保护套，并调整好方向盘、后视镜的位置。
- 前排座椅调整到适当的距离，且前排两个座位从侧面看必须一致，不能一个在前，一个在后，而且座位与方向盘之间要有一个适当的距离，以方便客户进出。
- 车厢内部要保持清洁，中央扶手箱、手套箱、车门内侧杂物箱及前后座椅靠背的物品袋内不能存放任何杂物。
- 将仪表盘上的时钟调教到标准的北京时间，确认各功能开关处于合适的位置并试用。如空调出风口在空调打开后，应有风。
- 预设一到两个收音机功能范围内的频道，且将左右喇叭声道、音量调好。同时，配备试听音乐的U盘或其他存储器。供随时播放。
- 展车里放一些带品牌标志的脚垫，并注意标志的方向，一定要朝前、放正，脏了应及时更换。
- 后备厢整洁有序、无杂物，安全警示牌应放在后备厢的正中间。
- 所有电器开关应置于关闭状态，并保证蓄电池电量充足。

二、车辆展示的要点

车辆展示，并不是将车摆放在展厅里就可以了，就像模特走台一样，总是力图展示服装最好最美的一面。车辆展示也有一系列注意的事项。

1. 展示的要点

车辆展示中最重要的就是规范的管理。它可以用八个字概括,即整理、整顿、清理、清洁。在规范管理的原则下,车辆展示的要点如下。

(1) 注意车辆展示的目的

在展厅展示车辆的目的是什么?显然是方便客户查看、观摩。因此,一定要方便客户的参观与操作。

(2) 注意车辆的颜色搭配

展示区域的车辆不可能只有一辆车,也不能只有一种颜色。展示时将几种颜色搭配起来,效果会更好一些。

(3) 注意车辆型号的搭配

同一个品牌的车,可能有不同的系列,有的车从小到大,有的车带天窗,有的车没有天窗,不同型号的车都应搭配展示。

(4) 注意车辆摆放的角度

展车如何摆放?一是要切合展厅现场的具体环境,要与周围车辆相得益彰;二是要符合最佳视角下的审美情趣,吸引客户的注意力。

(5) 要有一辆重点推出的车

一般来讲,小展厅能放三四台车,大一点的可能会放得更多。在这些车当中,型号、颜色各不相同,有些是属于旗舰的主要车型。当摆了这么多的车辆时,应有一款重点推出的车型,并将其置于整个展厅最显眼的位置。如有些4S店会把一些须特别展示的车辆放在一个特别的展台上,让其他的展车环绕其周围。有时甚至打出一些灯光,凸显这辆车的特色。

2. 执行标准

只有车辆展示的要点还不够,还要制定出一些具体的执行标准,以确保车辆展示的要点落实到位。

（1）第一个标准：按规定摆放车辆的车型说明架

关于汽车车型说明架的摆放位置，很多汽车公司甚至包括4S店，都做得不是很规范。说明架摆放的位置很随意，不是放在车的左边，就是放在车的右边，有时在前，有时又在后，还有时在侧面，可以说与展车位置乃至整个展厅布局没有协调一致性。

（2）第二个标准：展车的卫生情况

展车应始终保持清洁，无手纹、尘土等污渍。当客户赏车离开后，所造成的手印、指纹应快速清理。若座椅移动过，则要归位。展车具体的卫生标准如下。

1）指纹

车辆油漆的光洁度非常高，特别是车门把手上面，都是比较亮的镀铬，只要手触摸到门把手或车身，就会留下指纹。因此，销售顾问随时随地要保持其清洁性。

2）水痕

展车当然不应该有水的痕迹。有的4S店在车辆进展厅前先用水冲洗一下，然后用专用的抹布将车擦干。但是有时候夹缝里或一些地方会有一些水珠流出来，这些都是不允许的。

3）灰尘

车身内外，包括车窗玻璃、发动机舱，甚至排气管，凡是视线范围内的位置都不允许有灰尘。比如排气管，有的客户喜欢看底盘是高还是低，这时就能够看到排气管，若看到很多灰尘，则其感觉可想而知。有的销售展厅对清除灰尘不遗余力，还会把手伸到排气管里面检查。

（3）第三个标准：细节

①轮毂上的品牌

一般在轮毂上，都会有车的品牌标志。当车停稳后，轮毂上的品牌按标准要求，应该与地面呈水平状态。

②轮胎

将轮胎清洗干净后，还要美容一下，如用专用上光剂为轮胎上光护理。轮胎的下方应使用垫板。专业的汽车4S店会把自己专营汽车的标志印在垫板上，这样会给客户一个整体的良好的感觉。

轮胎的导水机槽也要清洁，因为车是从展厅外面开进来的，所以难免会在导水槽里面卡住一些石子等杂物，有碍观瞻。

③座位的距离

前排座位应调整到适当的距离，且从侧面看，两个座位的高度、靠背角度必须一致，不能一个前一个后，也不能一个靠背倾斜角度大，一个靠背倾斜角度小。此外，座位与方向盘也要有一个适当的距离，以方便客户进出。若太近，客户不但坐进去不方便，还会认为车的空间小。

④新车的塑料保护套

新车出厂的时候，在座椅、方向盘、后视镜及遮阳板等部件上面，都会套有塑料保护套，有些也用塑料袋套起来，这些在展示的时候都应拿掉。

⑤后视镜

配合驾驶座位置，车内与车外后视镜必须调整到合适位置，确保坐在车里能自然地看到车辆两边和后方位置。

⑥方向盘

最好将方向盘调到最高位置。如果方向盘太低，客户坐进去后会感觉局促，从而认为车辆的空间太小。

⑦空调的出风口

要试一下空调的出风口，保证空调打开后有风。

⑧收音机

一般收音机有五六个台，都应调试出来。同时，必须保证有一个当地的交通台和一个当地的文艺台，这是一个严格的考核指标。

⑨音响

首先，喇叭左右声道应调成平衡。其次，音量不能够设定得太大，也不能设定得太小。最后，配一些光盘，保管在专门的地方。当客户要试音响时，销售顾问可以问客户需要听什么样的音乐，提前下载好不同种类的音乐供客户选择欣赏。当然，最好选择能体现音响音质的音乐，如选一个节奏感特别强的碟片，会带给人随之振动，使人情不自禁地参与，这样感觉和感情就调动起来了。当客户对音乐没有什么特别爱好的时候，你只要拿出一个最能够表现汽车音响效果的碟片就可以了。

⑩安全带

展车里的安全带通常是很多工作人员忽略的部分，特别是后排座的安全带，有时候全散落在座位上，这是不允许的。必须把这些安全带折好以后用一个橡皮筋扎起来，塞到后座和座位中间的缝儿里面，并留一半在外面。这些都传递给客户一个信号，我们这里管理规范，值得信赖。

⑪脚垫

一般展车里面都会放一些脚垫，这是防止客户鞋上沾灰落入展车。每一个4S店都会事先制作好脚垫，且脚垫上应有相应品牌的标志。摆放的时候，应注意品牌标志的方向。一旦脚垫脏了，要及时更换。

⑫后备厢

展车的后备厢，除了备胎、警示牌、灭火器等必备物品外，不应放置过多的物品，且放置时要合理地安排物品位置，并摆放端正。

⑬蓄电池

注意检查蓄电池的电量。因展车放置时间过长，蓄电池容易亏电，所以必须保证蓄电池电量充足，以免出现车辆某些功能演示不了的尴尬。

任务二　车辆介绍

针对客户的产品介绍，应着重介绍那些直接迎合购买需求的特性与好处，以建立客户的信任感。销售顾问只有通过直接传达那些针对客户需求和购买动机的相关产品特性，帮助客户了解一辆车如何符合其需求，才会使客户认识到这辆车的价值，加大购买期望。

一、绕车介绍

在向客户进行新车介绍时，现在大多数汽车4S点采用"六方位绕车介绍法"。这也是当今比较流行及标准规范的一种绕车介绍方法。通过对汽车六个不同部位的依次介绍，有助于销售顾问有条不紊地向客户全面地介绍汽车最主要的特点、优点、优势，如图5-3所示。

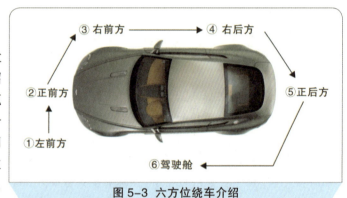

图5-3　六方位绕车介绍

1. 绕车介绍的流程

绕车介绍通常由销售顾问围绕汽车的左前方、正前方、右前方、右后方、正后方、驾驶舱六个方位逐一介绍。汽车销售顾问也可以根据具体车辆的情况，调整绕车介绍的标准流程和环节。

（1）左前方

销售顾问介绍车的左前方时，要注重描述汽车的整体品质、尺寸大小和造型设计特点。如在整车性能方面，说明该车动力强劲、操控灵活、行驶稳定、驾驶趣味十足。在尺寸方面，说明该车在同规格车型中领先，显得大气、沉稳。在造型设计方面，说明该车圆润、饱满、简洁、线条流畅、富有现代感。同时，汽车销售顾问在向客户介绍时应面带微笑，得体地运用手势，对车辆的总体情况进行简单概括。

（2）正前方

车的正前方是客户最感兴趣的方位，介绍时，销售顾问可注重描述发动机的特点和动力性能。当销售顾问和客户并排站在汽车的正前方时，销售顾问可引导客户察看汽车标志、保险杠、前车灯、前挡风玻璃、雨刮设备等部位，还可以打开发动机舱盖，依次向客户介绍发动机的布置形式、发动机的技术特点、百公里油耗、舱盖的吸能性和降噪性等特点。销售顾问这时候的所有努力归结到一点，就是如何让客户喜欢上这辆车。

（3）右前方

销售顾问介绍车的右前方位时应注重让客户感受车辆的安全性。客户最关心车辆的安全性，诸如车辆的车身构造、车门的侧面防撞钢梁以及安全气囊等保护措施，都是客户非常在意的安全问题。为此，汽车销售顾问应向客户详细介绍车身的制造工艺，如不等厚钢板、激光焊接、空腔注蜡、车身衔接处零间隙、底部装甲等工艺。此外，对整车的油漆质量，如靓丽、平滑、耐刮擦等，也可做适当介绍。

（4）右后方

销售顾问介绍车的右后方时，应主要介绍后排座的空间和舒适性，注重让客户感受后排空间大小、安全带使用以及座椅可折叠等特点。在介绍过程中，若是客户想进入车内体验一下，销售顾问应采用蹲姿或坐到后排客户旁边讲解介绍。

（5）正后方

销售顾问介绍车的正后方时应重点介绍车辆尾部造型特点以及后备厢等特征，注重描述后备厢空间布局、尾部附件特点、排放环保的特性等方面的内容。如尾灯的形状规则和组合方式，显示出别具一格的尾灯设计，后车窗刮水器和加热装置的存在，提高了行李安全性。此外，倒车雷达可有效探测车后障碍物，后保险杠与车身一体化，既美观又安全，后备厢容量超大，安全储藏备胎且不多占空间等。

（6）驾驶舱

销售顾问介绍车的驾驶舱时应主要介绍乘坐的舒适性和操控的便利性，注重描述车辆安全舒适、操控灵活等特性，也可略为提及汽车的科技感。介绍时，汽车销售顾问可以先将驾驶座向后调，以方便客户进出；然后，请客户进入驾驶舱。需要介绍的内容：一是座椅和方向盘，如座椅的包裹性、硬度、调整距离，方向盘的触摸感觉、调整方式等。二是仪表，如仪表的布局、色彩、清晰度等。三是按键与配置，凸显安全、舒适和使用便利等特点。四是储物空间，如储物格的数量和布局、手套箱的位置和空间大小等。

2. 绕车介绍10要点

● 背熟绕车介绍应该介绍的重点及所有内容，这是介绍产品最基本的工具，必须有组织有亮点，背熟了才能灵活应用。

- 从始至终面带微笑，而不是严肃地介绍。
- 通常使用的六方位介绍要从客户最想知道的方位开始，销售顾问要用概述的技巧询问顾客，找出客户的购买动机，做有针对性的介绍。
- 用手势引导客户到相关的方位，注意走位，别与客户撞在一起。
- 介绍时，眼睛应面向客户，而不是看着车介绍，应注意绕车介绍时客户才是主角。
- 别忘了多让客户亲手操作，多让客户的手去接触车子。
- 不断寻求客户认同，注意客户聆听时的兴趣，当发觉客户不感兴趣时，要试探性提问，找出客户的需求，再继续依客户的兴趣提供介绍。
- 介绍当中要注意客户眼神中散发出来的购买信号。
- 越高档次的车型，车辆本身就越能散发自身的魅力；而廉价低档次的车型，由于车子本身亮点不多，所以销售顾问要更加能说善道，努力介绍。
- 绕车介绍旨在让客户了解产品、认同产品，若介绍当中发现客户已经认同产品，则可停止介绍，设法引导顾客进入试乘试驾或条件商谈的阶段。

二、性能介绍

在汽车销售的过程中，有些客户希望全方位地了解汽车的性能，以此作为他们购买决策的依据。此时，销售顾问应围绕车辆的造型与美观、动力性、操控稳定性、燃油经济性、安全性、舒适性、超值表现等几个主要方面进行性能介绍。

1. 外部造型

客户欣赏一辆车时，首先看到的自然是车辆的外形。所以说，车辆的外部造型与美观程度是打动客户极为重要的"第一印象"。很难想象，外观不讨客户欢心的车型能够获得客户的青睐。

（1）造型

汽车造型是整车结构、性能、工艺、艺术造型等多方面有机结合的产物。现代的汽车造型，绝大多数属于流线型风格。与方形、船型等风格相比，流线型的汽车能有效降低风阻，减少油耗，提高速度。可以预见，随着汽车技术的发展和个性化消费时代的到来，未来车身的造型将更加平滑、流畅、富有个性。汽车造型既是科学又是艺术。不同的造型，既能符合个性定位的需要，又可以给人在视觉和触觉上造成不同的感受，从而形成丰富多彩的风格和情趣。造型的主要目的，就是体现实用性、功能的科学性。对不同用途和结构的汽车而言，其造型形象也各不相同，是其独特性格的体现。如一般轿车线条圆润，SUV线条刚毅等。汽车销售顾问对所售汽车的造型特点，应深入分析，在向客户介绍时将其尽量融入客户的喜好。

（2）美观

与造型相比，美观更突出心理上的观感。或激烈浪漫，或古典含蓄，或粗犷豪放，都是车型外观在主观上的折射。可以说，客户既关心一辆汽车的性能和价格，又关心视觉效果的美观程度。从某种意义上讲，客户内心的这种美观感受强烈影响着客户的购买倾向，甚至一眼即决。

当然，因审美趣味各不相同，客户对车辆美观与否的看法也大相径庭，甚至背道而驰。如有的人喜欢美国车的自由、霸气，有的人喜欢日本车的轻巧、简洁，还有的人喜欢德国车的严谨、挺拔等。喜好虽然不同，但无一例外的是对美的追求，这是不变的。汽车销售顾问在介绍车辆时，应有意识地突出汽车外形所带来的感官美，以吸引客户的注意，激发其购买欲望。

2. 动力性

汽车动力性是汽车性能中最基本、最重要的性能。对某些客户而言，动力性是他们选择汽车的主要标准。那么，汽车的动力性有哪些重要的评价指标呢？

（1）最高车速

最高车速是衡量汽车动力性的主要指标。对于一般轿车来说，若最高车速比较高，就可以认为其动力性比较大。虽然说，现实中行车根本不可能以最高速度行驶，但针对那些强调动力性的客户，销售顾问可以将最高车速作为介绍动力性大小的一个依据。

看一看

有关最高速度的总结：
- 发动机排量越大，汽车的最高车速越高。
- 配置相同发动机的前提下，手动挡比自动挡车速更高。
- 发动机排量相同的情况下，车身越小，最高车速越高。
- 虽然SUV配置的发动机排量较大，但与配备相同发动机排量的轿车相比，最高车速要低。

（2）加速能力

汽车的加速能力，是指汽车在行驶中迅速增加行驶速度的能力。相比最高车速，汽车的加速性能是衡量汽车动力性更好的指标。加速能力包括两个方面，即原地起步加速性和超车加速性。因为起步加速性与超车加速性的性能同步，所以起步加速性能良好的汽车，超车加速性也一样好。汽车的加速能力，通常用加速时间来表示。如从静止加速到60 km/h或100 km/h，所需的时间长短就代表了加速能力的劣优。

（3）爬坡能力

汽车的爬坡能力，是指汽车在良好的路面上，以1挡行驶所能爬行的最大坡度。对于越野汽车来说，爬坡能力是一个相当重要的指标，一般要求能够通过不小于60%或30%的坡路。而对于载货汽车而言，要求有30%左右的爬坡能力。因一般轿车的车速较高，且经常在状况较好的道路上行驶，所以不强调轿车的爬坡能力，一般爬坡能力在20%左右即可。

3. 操控稳定性

汽车的操控稳定性是指在驾驶员不感觉过分紧张、疲劳的条件下，汽车能按照驾驶员通过转向系统及转向车轮给定的方向（直线或转弯）行驶，即便受到外界干扰（如道路不平、侧风、货物或乘客偏载时），汽车仍能抵抗干扰而保持稳定行驶的性能。

汽车的操控稳定性不仅影响到汽车驾驶的操控方便程度，而且也是决定高速汽车安全行驶的重要性能指标，甚至被称为"高速车辆的生命线"。因此，汽车的操控稳定性日益受到重视，成为客户选择车辆的主要标准之一。影响汽车操控稳定性的因素较多，主要表现在转向性能、过弯能力、直线行驶能力以及极限行驶性能等方面。

（1）转向性能

人们常用"精准、轻便"赞扬某款车的转向系统，也用"方向太贼"或"反应迟钝"等表达自己对某款车转向系统的看法。之所以如此看重汽车的转向性能，是因为转向系统直接关乎到车辆的行驶安全与操控性能。

客户对汽车外形或有不同口味，对动力性的要求也各不相同，但对转向系统无不希望其精准有效、如同臂使。

（2）过弯能力

过弯能力即汽车通过弯道的能力。不同的车，过弯能力各不相同。如质量重的车就比质量轻的车过弯能力强；底盘硬实的车就比底盘单薄的车过弯能力强；有车身稳定控制系统（ESP）的车更能有效提升车辆的过弯能力。此外，车辆内、外轮差的大小，对汽车的过弯能力也有影响。

很多有驾驶乐趣的客户，都希望以更快的速度通过弯道，从中得到汽车驾驶的乐趣。针对这类客户，汽车销售顾问一方面要熟悉所售车辆的性能，主动介绍车辆在过弯方面的优良特性；另一方面，要提醒客户片面注重高速过弯能力，传达安全驾驶的理念。

（3）直线行驶能力

方向不稳、四轮定位不准等，都会影响汽车的直线行驶能力。性能优良的汽车，绝不会在直线行驶这样简单的行驶条件下出问题。反之，如果车辆还未销售出去，没有受到人为因素的影响，就存在直线行驶不正常的现象，这就涉及了汽车品质的问题。

（4）极限行驶性能

极速行驶、极速过弯、瞬间刹停等，是很多好莱坞大片里的场景，表现的恰好是汽车的极限行驶性能。对某类人群来说，如赛车手，极限行驶性能的高低往往代表了驾驶乐趣的高低。但并不是所有的人都需要。它只是说明了车辆性能所能达到的高度。通常，客户询求极限行驶性能，并不意味着他们想要尝试，只是普遍求高求全的心态驱动所致。

4. 燃油经济性

汽车的经济性指标，主要由耗油量表示，是汽车使用性能中重要的性能。耗油量参数是指汽车行驶百公里所消耗的燃油量（以"升"为计量单位）。在我国，这些指标是汽车制造厂根据国家规定的实验标准，通过样车测试得出来的。通常，油耗包括等速百公里油耗和循环油耗。

（1）等速百公里油耗

等速百公里油耗，是指在平坦硬实的路面上，汽车用最高挡分别以不同车速等速行驶一段路程，往返一次取平均值，记录下油耗量，即可获得不同车速下汽车的百公里耗油量。若将每个车速段的耗油量用点连起来，就是一条开口向上的抛物线，最低点就是耗油量最低的车速段，也就是"经济车速"。一些厂家以这个经济车速作为耗油量参数，实际上也是作为参考值而已，因为在现实行车环境中，一般用户很难做得到。

（2）循环油耗

循环油耗，是指在一段指定的典型路段内，汽车以等速、加速和减速三种工况行驶时的耗油量。有些还要计入起动和急速等工况的耗油量，然后折算成百公里耗油量。一般而言，循环油耗与等速百公里油耗（指定车速）加权平均取得综合油耗值，可以比较客观地反映汽车的耗油量。一些汽车技术性能表上将循环油耗标注为"城市油耗"，而将等速百公里油耗标注为"等速油耗"。欧洲车的耗油量表示方法与我国相同，数值越小，燃油经济性越好。但它的耗油量测定分为三部分，分别是模拟城市内行驶工况的"城市行驶循环"、90 km/h 和 120 km/h 的等速行驶。

因此，一般欧洲车的耗油量都有这三个参数。

5. 安全性

汽车安全性，主要指汽车行驶的安全性，即汽车以最小的交通事故概率和最少的公害适应使用条件的能力，称为汽车的安全性。

汽车安全性标准一般分为主动安全性、被动安全性和其他安全性。

（1）主动安全性

汽车的主动安全性，是指汽车本身防止或减少道路交通事故发生的性能。一般表现在：一是保证驾驶人有良好的视野。如强挡玻璃的品质和安装要求，汽车后视镜的安装要求及性能，风窗玻璃的除霜、除雾功能，刮水器、洗涤器的功能等。二是保证良好的操控性能。如精准的转向系统、加速控制系统、制动系统以及优良的汽车喇叭性能等。三是可靠的各种照明和信号装置。如各信号装置的性能要求，前照灯、雾灯、倒车灯、转向灯、制动灯和示廓灯的位置及要求等。四是方便舒适的驾驶人工作条件。如操作元件的人机特性，舒适合体的座椅，良好的噪声、温度和通风条件，统一易辨的各操纵件、指示器和信号装置使用的图形标志等。

（2）被动安全性

汽车的被动安全性，即发生事故时的安全性，是指汽车发生交通事故后，减轻乘员和行人伤亡、减少车辆损失的结构性能。根据作用的部位，被动安全性又可分为汽车内部被动安全性和汽车外部被动安全性。

汽车被动安全性表现在：一是足够的驾驶舱、车身结构刚度，特别是轿车的侧门强度，以防止正面、侧面撞击。二是汽车座椅系统的安全性，包括座椅强度、安全带强度、安全带固定点的强度以及座椅头枕的支撑性能等。它们的作用在于保证撞车时能吸收乘员的碰撞能量，减轻乘员伤亡。三是汽车（特别是轿车）内外凸出物的要求。四是设置汽车和挂车的侧面、后下部防护装置，主要用来防止车辆行驶过程中，其他人、车、动物等发生撞击，造成事故。五是配备了安全气囊，当碰撞发生后，气囊瞬间打开使乘员扑到气垫上，以缓和冲击并吸收碰撞能量，减轻乘员受伤害程度。六是配备汽车安全玻璃，以防撞击后玻璃破碎伤人。

（3）其他安全性

汽车的其他安全，包括车身防盗、发动机防盗、音响防盗等功能。这些都是非关人身安全的部分，但对客户来说，这些汽车防盗措施都是很好的省心功能。

6. 舒适性

汽车舒适性，是指为乘员提供愉快的乘坐环境和方便稳当的操作条件的性能。汽车舒适性是现代汽车高速高效特征的一个重要性能，主要包括平顺性、噪声控制、空气调节性能、乘坐环境及驾驶操作性能等。

（1）汽车平顺性

汽车平顺性，就是保持汽车在行驶过程中乘员所处的振动环境具有一定舒适度的性能。对于载货汽车，还包括保持货物完好的性能。影响汽车平顺性的因素，主要是汽车行驶过程中因路面不平等激起的汽车振动。这种振动影响人的舒适、工作效率和身体健康，并影响所运货物的完好。

此外，振动还在汽车上产生动载荷，加速零件磨损，导致疲劳失效。因此，减少汽车振动是提高汽车平顺性的关键。轮胎、悬架结构、非悬挂质量（即车轮车轴的质量）等都是影响汽车平顺性的重要因素。因此，对希望汽车平顺舒适的客户来说，可以选择悬架、轮胎较软或非悬挂质量小的车型。

（2）噪声控制

汽车行驶过程中，有各种各样的噪声源。如发动机、变速器、驱动桥、传动轴、车厢、玻璃窗、轮胎、喇叭、音响等，都会产生噪声。但噪声的主要来源只有两个，一是发动机；二是轮胎。它们的噪声都是被动发生，即只要汽车行驶就会出现。

针对喜好静的客户，销售顾问应该投其所好，重点推介那些发动机工作声音低、轮胎降噪特性好的车型。

（3）空气调节性能

空气调节性能，是指对车内空气的温度、湿度和粉尘浓度实现控制调节，使车内空气经常保持在令人舒适的状态。汽车空气调节包括制冷、采暖、通风、除霜、空气净化等内容，这与一般空气调节系统没有什么本质区别。但由于汽车是一种"移动物体"，使用条件变化多端，因而要求汽车空气调节系统具有更高的性能。汽车空调是满足空气调节需要的利器。就具体的车型而言，其空调风速挡位的数量、进排气孔的位置、采暖制冷性能的强弱等，都关系到行车时驾驶人身体的舒适程度。

（4）汽车乘坐环境及驾驶操作性能

汽车的乘坐环境及驾驶操作性能，是指乘坐空间大小、座椅及操纵件的布置、车内装饰形式、仪表信号设备的设计布局等。为车内乘员提供舒适的乘坐环境，减轻疲劳感，同时保证驾驶人易于操作和接受信息，确保长时间安全行驶等，都需要有良好的乘坐环境和便捷的驾驶操作设计。

座椅的特性、操纵部件的形式、汽车按键的布局以及车辆隔声降噪的性能等，都是衡量汽车乘坐环境和驾驶操作性能好坏的重要标准。

课题五 车辆的展示与介绍

任务三　车辆介绍的技巧与方法

销售顾问在介绍车辆时，应学会站在客户的角度考虑问题，必须经常不断地替客户发问："你介绍的这个功能和优点跟我有什么关系？对我有什么好处？"车辆介绍时要展现客户最想知道和最有用的部分，调动客户的购买欲望。

在现实卖场中，经常会出现销售顾问尽管做了最大的努力，介绍汽车滔滔不绝，但最终却没有打动客户的现象。出现这种尴尬局面，或许源于客户的谨慎，但销售顾问缺少技巧和方法，也是不可忽视的重要原因。

一、车辆介绍的原则

在汽车销售过程中，车辆介绍是很关键的步骤。通过这一步骤，汽车销售顾问不仅要用自己专业的知识来激发客户的购买兴趣，还要建立客户对产品和销售顾问的信任。但通常给予销售顾问的时间却不多。如何在有限的时间内将客户的关注点转化为购买点？掌握一系列车辆介绍的原则很重要。

1. 熟悉产品，充分准备

不打无准备之仗。与一般商品相比，汽车构造复杂、科技感十足，相关知识专业性较强，要想将车辆介绍讲得深入浅出、产生购买力，就要熟悉产品，准备充分。针对车辆介绍环节，销售顾问首要的诀窍，就是做好充分的准备，不但要了解产品，还得熟悉市场，熟悉竞争对手的情况。然后，通过有效得当的方法，唤起客户的需求。

（1）了解产品

一次成功的销售，与销售顾问对本产品以及本行业专业知识的掌握情况直接相关。只有熟练掌握有关产品知识，才能准确客观地将所售产品与行业内竞争对手的产品进行对比，找出优势和劣势，从而在产品介绍过程中扬长避短、突出优势。相关的产品知识包括：一是产品的性能、品质、使用材料、制造方法、重要零部件和专利技术等硬件特性；二是产品的设计风格、色彩、流行性、气质形象等软件特性；三是产品的用途、操作方法、安全设计等使用方面的问题；四是产品的购买程序、维修条件、付款方式、保修年限等交易方面的内容。

（2）熟悉市场

基于市场竞争的存在，销售顾问还要熟悉市场。如竞争产品的变化、市场行情的变动、市场的交易习惯、客户的购买喜好以及有关汽车行业的法律法规变化等知识。只有对整个市场环境有了了解，才能清晰掌握所售产品的市场位置、优劣所在，以便在产品展示中把握重点、趋利避害。

（3）掌握方法，手握利器

凡事都得讲究方法，销售活动更是如此。汽车销售顾问不但要熟练掌握"六方位绕车介绍法"的标准流程，活学活用；还应不断总结经验，在不断的实战中完善自身的销售话术，提高汽车介绍水平。

2. 以客为尊，突出客户利益

与传统的压力式销售不同，顾问式销售一切"以客户为中心"，着眼于满足客户需求、解决客户问题。在当好客户"参谋"的前提下，消除客户的各种疑虑，促成交易。

（1）从客户最关心的方面开始介绍

客户关心什么，销售顾问首先就介绍什么，按照客户的兴趣来介绍产品，是迅速提起客户注意力，营造车辆介绍融洽氛围的好方式。

（2）鼓励客户提问、寻求客户认同

以寻求解答为目的的提问，自然都是客户关心的问题。因此，让客户多提问，其实是了解客户疑虑和购买重点最有效的方法。与此同时，销售顾问应认真倾听客户的提问。不仅要热情专注、态度诚恳，还要站在客户的立场倾听，准确把握客户提问的要点。对客户的问题，销售顾问应尽可能地及时解答。并在回答问题的过程中，不断寻求客户的认同，消除客户的疑虑。

（3）鼓励客户动手操作、亲身参与

在车辆介绍过程中，鼓励客户多动手，亲身体会产品的功能和特点，这样可以有效地提升介绍的说服力，刺激客户的兴趣点，增强客户的购买信心。

（4）以客户为中心的语言表达

在与客户谈话时，所用语言包括身体语言，应时时照顾到客户的情绪，表现出对客户的尊重。

显然，出于"自我为中心"的本能和习惯，很多时候客户并不愿意接受销售顾问的直接看法，而是希望对方能够站在自己的立场，以产品的利益迎合自己的需求。如销售顾问在介绍产品时，应联系客户需求，巧妙赞美客户，将产品的优点与客户的利益点有效地结合起来，这样将取得事半功倍的效果。

3. 把握要点，用对方法

车辆介绍，不是漫无目的地就着车辆、对着客户一股脑地说，而要把握要点，用对方法。

（1）把握要点

车辆介绍一定要有要点。那么，以销售为目的的车辆介绍，为了实现客户消费的最终结果，自然就得围绕客户进行产品介绍。显然，打动客户、建立客户的信任感，就成为介绍活动的重点。销售顾问只有通过传达直接针对客户需求和购买动机的相关产品特性，帮助客户了解一辆车如何符合客户需求、满足客户利益，才能帮助客户真正认识到购买活动的价值。

（2）用对方法

车辆销售是一门艺术，车辆介绍也是一门学问。销售顾问每天面对的是形形色色的客户，他们的性格、喜好等各不相同。要招待好这些客户并实现销售目的，光凭一腔热情是不够的，还需要掌握好的方法，并在销售实践中活学活用，如"六方位绕车介绍法"。

二、车辆介绍的技巧和方法

汽车科技日新月异，汽车市场的个人用户激增，客户对汽车科技的认识水平远低于现代汽车科技的发展状况。因此，销售顾问向潜在客户介绍汽车产品时，单纯的产品性能、配置的罗列、流水账式的介绍，只会让客户在选择时更加茫然。也许我们付出了很大的努力向客户介绍，可是客户听了就是不为所动。有时我们会想：假如有一种更好的实战方法就好了。为了解决这个问题，下面向大家推荐一种有效介绍汽车的方法，即属性利益法，也就是FAB法。FAB介绍法可较好地解决如何激发客户的需求，使客户由认知、情感阶段转而进入行为阶段这一问题。

1. FAB法的含义

FAB法，即属性利益法。F（Function），代表属性、配置，A（Action），代表作用，B（Benifit）代表利益。按照顺序来看，F是配置，A是作用，B是利益。所谓"FAB"，就是指首先说明车辆的"卖点、特色、配置"等事实情况，即F，然后将这些事实加以解释，说明其作用，即A，最后阐述它们的好处以及可以带给客户的利益，即B，进而使客户产生购买动机。

2. 案例分析

（1）案例一：倒车雷达的介绍

如某款车有一个倒车雷达，销售顾问如何利用 FAB 的方法向客户做介绍呢？首先用 F 这个配置来说，销售顾问在向客户介绍的时候，不能只告知客户这款车配备有倒车雷达，还应提示客户倒车雷达有什么作用，即它在倒车的时候如何帮助驾驶人留意车辆后面是否有障碍物，从而避免人、车、物的意外伤害。通过这样的介绍，客户能了解到这个装备会给他带来什么样的好处。相反，如果销售顾问只是告知客户这款车有倒车雷达，而没有说明倒车雷达的好处，那么客户就可能不知道倒车雷达将带来什么样的好处，也就不会形成这款车性能如何优越的具体感受。

（2）案例二：ABS 的介绍

ABS 是很多汽车上的必备装置。那么，如何用 FAB 这个方法向客户介绍一辆车的 ABS 系统呢？比如汽车销售顾问正在向客户介绍一辆车，ABS 是这辆车的标准配置。正是因为有了 ABS 以后，这辆车即便在急刹车的情况下，也可以有效地控制车辆的行驶方向。但具体该如何讲呢？就是有两辆车正在两条道上行驶，车前面都出现了障碍物。其中一辆车绕个弯儿过去了，另一辆车却直接撞上了障碍物。为什么？就是因为一辆车有 ABS，而另外一辆车没有。

ABS 究竟如何工作呢？当驾驶人发现前面有障碍物紧急刹车时，没有ABS 的车辆一下子就把轮胎抱死了，车辆完全是顺着惯性向前冲，方向没法控制。而有了 ABS 以后，刹车不会抱死车轮，而是不停地抱紧松开，1 s 达十六七次。这样，可以转动方向盘控制车轮前进方向。通过详细的陈述，销售顾问将 ABS 的好处清楚地告诉客户，其中带来的利益，会让客户感觉印象深刻。

（3）案例三：AEB 自动紧急制动系统介绍

AEB 即自动紧急制动（Automatic Emergency Braking），其通过雷达、摄像头共同监测前方车辆以及行人情况，若探测到潜在碰撞风险，系统将采取相应预警及制动措施，从而避免发生碰撞或减轻碰撞损害程度。很多交通事故都是由于驾驶员不能正确判断前方车况或者制动过晚导致的，安装 AEB 系统的车辆，可有效避免车辆的碰触事故，使驾驶车辆更安全。

三、车辆介绍注意事项

销售顾问在进行产品介绍时，需要注意的事项有很多，如维持良好的谈话氛围，选择恰当的时机进行产品说明，不可逞能与客户争辩等。

1. 以客户为中心

（1）突出特点和重点

车辆介绍并不要求我们事无巨细、一一道来，事实上这也是很不科学的做法。一是自己累，说不了；二是客户听着也累，记不了。从心理学的角度讲，客户接收任何信息时，一次只能接收6个以内的概念。因此，除非客户需要或很感兴趣，否则在介绍过程中最好不要涉及太多的知识内容。其实每辆车都有亮点，销售顾问应将每辆车辆的主要功能亮点或客户的主要需求作为介绍的重点。如在使用"六方位绕车介绍法"介绍车辆时，我们可以从六个不同的方位来介绍，但不一定每个方位都要重点介绍，而是根据客户的需求和偏好，有所侧重，突出有特点的部分。就具体的某个方位来说，也有它相应的重点部分，需要销售顾问详细解说。在车辆介绍的过程中，销售顾问应不断确认客户的兴趣所在，判断其需求点，以提高解说的实效性。

（2）突出为客户带来的利益

汽车销售顾问应经常变化立场，设法从客户的角度来考虑问题，必须经常问："这个对我有什么好处？"若能带给客户好处和利益、满足客户的需求，客户就很可能购买。

2. 热情主动，灵活机变

销售顾问虽然卖的是钢铁产品，实际上却是人与人之间的交流、沟通。在整个销售过程中，热情主动的态度必不可少，销售顾问也需要灵活机变的应变能力。

（1）充满自信，面带微笑

客户就是上帝，销售顾问笑迎客户，始终面带笑容地出现在客户面前，本身就是对客户的尊重，也能融洽交流、沟通的氛围。而面对熟悉的产品，在展示和说明时就更不能够冷场，应该充满自信、饱含激情地为客户解说每一个重要问题。

（2）主动灵活，善对意外

在产品展示与说明中，难免会有意外的情况发生，这可能是销售顾问的介绍错误，也可能是客户的看法错误。若是销售顾问自己的错误，应立即修正自己的错误并向客户表示歉意。若是客户的错误，则不要直接去纠正，而应表示出理解的态度，附带"不要紧"的微笑，尽量消除客户由此带来的尴尬。

（3）案例分析

某汽车展厅内，一位销售顾问正在展车旁为客户介绍车辆。销售顾问：购车的时候，您最在意的是什么？

客户：应该是空间吧。我们一家人经常在周末出去玩，很需要一个空间大的车子。

销售顾问：先生您考虑得很周到，全家出游确实需要大空间。其实，我们身前的这款大捷龙就很符合先生您的要求。

客户：是吗？给我说说。

销售顾问：这款车首先空间很大，坐个八九个人不成问题。后面的后备厢空间也很大，还可以调整大小，这样就算您要携带很多行李也没什么问题。此外，这款车的安全带是可以根据乘客来上下调整的，这对于身材较小的小孩子很适合，也很安全。

客户：确实不错，若没什么问题，就这辆吧。

在上述的介绍中，销售顾问的成功之处，就在于向客户展示了一系列利益，如车内空间大，完全可以满足家庭休闲的需要。后备厢也不小，还可以调整，诸如办公等用途也可以用得上。此外，车辆配备了可上下调整的安全带，对小孩来说，乘坐很安全、舒适。其实，销售顾问和客户之间就是一种你来我往的交流和沟通，不断地给客户以肯定，不断地向客户传递产品的价值。销售的核心、销售的最高境界，就是将车辆性能转化为客户的利益。

3. 介绍时尽量避免专业术语

对于不同的客户，采用不同的方法。针对分析型的客户，销售顾问可以使用专业性的术语，往往看起来更专业，也便于彼此的交流。但对于大多数客户来说，专业性的术语并不是他们熟知的对象，所以这时候客户更希望听到通俗些的语言。

（1）原因分析

汽车是一个复杂的产品，即使是很专业的汽车机械方面的教授也无法清晰地将一个汽车流畅地描述出来。而有关汽车的机械知识、电路知识、油路知识、材料科技等内容更是庞杂，涉及方方面面，就更加无法通盘掌握了。但许多才入行的汽车销售顾问，出于对认知的渴求，希望更多地学习产品知识，更多地掌握有关汽车的知识、名词、术语等，认为这样会让自己变得更专业。但是，达到这个目的可能吗？即便可能，那一股脑的专业名词、术语，对于销售业绩能起到多大的作用呢？客户真的就因此而佩服销售顾问的专业，从而踊跃定购了吗？显然，很多才入行的销售顾问都倾向于向客户倾倒专业名词，哪怕对这些专业名词他本人也没有透彻地了解。这也不能完全算错。但问题是当销售顾问有了这个想法以后，一旦遇到客户提出了新的名词，自己不懂或根本就没有听说过，就会非常容易慌乱，担心因此失去客户的信任。其实，销售顾问要想在客户心目中建立信任，不完全依靠对专业术语的掌握，也不仅在于对机械知识的透彻阐述，而应该强调客户得到的利益，这才是客户最关心的内容。

说专业名词不代表专业性，只要客户不说专业名词，销售顾问就不适宜说。但如果客户说专业名词，怎么办？销售顾问一定要将客户说的这条专业名词，用陈述利益的方法重新阐释给客户听，这才是真正的专业性。若客户谈到ABS，销售顾问该怎么讲？这时候，销售顾问可以通过反问的方式，先向客户引出问题。如反问客户学车的时候，教练在谈到遭遇紧急情况时该怎么做？很多客户会说，当然是踩刹车。对了，就是踩刹车。但有时候刹车距离不够，必须要控制车的行驶方向以便躲开障碍物。在以前汽车没有ABS的时候，刹车极容易造成轮胎抱死，车的运动方向根本不由驾驶人控制。解决这个问题的就是ABS，它在车辆紧急制动的过程中，将刹车有频率地松开一小会儿，这样驾驶人就可以通过控制方向盘来瞬间地控制汽车。这样的陈述方式就是利益的陈述方式，表达集中在客户理解的利益基础上。

在销售沟通的初期阶段，应注意简单明确。所以，有意识地控制自己的语言，使用亲近易懂的话语比艰深且难懂的专业术语要好得多。

（2）案例分析

曾经有这样一个案例：一对夫妇来到展厅，绕过了门口的几台车，直接走到了他们感兴趣的一辆展车那儿。销售顾问看在眼里，感觉到这是一个很不错的意向客户。于是他就去接待这个客户。客户走到东，他就跟这个客户介绍东边的情况；客户走到车尾，他也把车尾的好处跟客户说了很多。在他说的过程当中，这个客户只说，"哦，是吗？哦，谢谢"。其他的什么表示都没有。过了一会儿，客户两个人互相看了一眼说，"我们下次再来吧"，然后就走了。客户走到门口以后看看后面没人了，就开始互相对话了。

"老公，刚才他说什么呀？"

"他说的好像是专业术语，哎，我也没听懂。"

"那怎么办呢？白跑一趟。"

"这样吧，那边好像还有一家，我们去看看。"

一笔很有希望的交易就这么告吹了，销售顾问一定很不甘心，这可以想象得到。因为他说了很多话，费了好大的劲，几乎将车辆的好处说了个遍，却没有达到预期的目的。为什么没有达到预期目的呢？问题还是出在这位销售顾问的身上。其实，他尽管说了不少，雄辩滔滔，却从头到尾都不管客户是怎么想的，也不管客户是否听懂了他所介绍的那些内容。就比如说到车辆功率的时候，销售顾问说是多少多少千瓦，客户懂吗？不懂，因为客户经常听到的只是马力。当说到车辆扭距的时候，销售顾问说是多少多少个单位牛米，客户懂吗？还是不懂，因为客户不明白这个数值的具体含义。这么多不懂？怎么办？也许你说很简单，问啊。不懂就要问，这不错，是这个理。问题是人都要面子，特别是在公共场合而且这个客户又是在他的太太面前。在这种情况下，他不懂也得装懂。他不会去问，你刚才说的这个牛米是什么意思，你刚才说的那个千瓦又是什么意思，因为他要面子。最后，客户自然兴趣大减，走了。

销售顾问这时候要特别注意，一定要跟客户互动起来。每讲一个产品的亮点，每讲一个专业术语时，销售顾问都要观察客户是否能接受，他听懂了没有。如说到功率，告诉客户多少马力就可以。这个也不难，用功率乘以1.363，马上就换算成马力了。说到扭距时，可以把它形容成牛拉车的拉力即牵引力。很多人开车的时候都有这种感觉，当车在四挡、五挡的时候爬坡会很吃力，发动机的声音也很难听。可若是在一挡、二挡的时候，却感觉车走得很有力。为什么？道理是挡位降了，虽然速度慢了，但动力够了。这个时候，销售顾问若能告诉客户：扭矩用牛米来表示，代表力量大小。因为牛虽然跑得慢，但是牛力气大，能拉得动车辆。

任务四 试乘试驾

试乘试驾是车辆介绍的延伸,是一种动态的车辆介绍,也是让客户亲身体验汽车性能的最好时机。客户通过切身的驾乘感受和销售顾问适当、突出重点的动态介绍和说明,加深了对车型的印象和认同,从而激发购买欲望,增强购买信心。

因此,试乘试驾是邀请客户再次来店,或延长客户在展厅停留的时间、增加成交机会、消除客户疑虑、促成报价成交的关键步骤。

一、试车准备

试乘试驾前,如图5-4所示,汽车销售顾问应做好充分的准备,以保证试车工作的顺利进行。若试乘试驾过程中意外频发,客户的心情会大受影响,对销售顾问乃至产品的信心也会大打折扣。

图5-4 试乘试驾

1. 车辆准备

经销商应准备试乘试驾专用车,尤其新车上市期间由专人负责,保证车况良好,排除任何临时故障,如各种功能键、空调、轮胎气压、车灯、收音机、中控大屏等;保证数量,且加满油,要求车辆整洁、清新、无异味;车内不能放有私人物品;座椅带座套,车内可放有脚垫,车辆座椅、方向盘调整到规定位置;其他准备,如临时牌照、保险等要齐全。

2. 人员准备

销售顾问应全程引导、参与、陪同客户完成整个试乘试驾过程。为此,销售顾问不仅要拥有

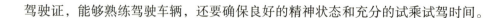
课题五 车辆的展示与介绍

驾驶证,能够熟练驾驶车辆,还要确保良好的精神状态和充分的试乘试驾时间。

(1) 良好的精神状态

销售顾问是否以良好的精神状态迎接客户,很重要甚至事关销售的成败。因为,若销售顾问状态不佳,势必影响到客户的情绪,也影响到对客户的服务质量,又怎么能够激发客户的购买热情呢?更重要的是,精神不佳降低了风险意识和反应力,若试乘试驾过程中突发事故,则不但丢掉了销售机会,也会带来料想不到的后患。

(2) 充分的试乘试驾时间

如果销售顾问没有安排足够的时间陪客户试乘试驾,行动上会显得匆忙,态度上难免焦躁。那么,在情绪控制和异议处理上不免欠缺耐心,容易出现问题,最终影响汽车销售的实现。

3. 资料准备

(1) 销售方的资料准备

车辆的各种手续文件必须齐全,如保险单证等。此外,销售顾问还应备有试乘试驾安全说明及须知、安全协议书、路线规划图以及试乘试驾意见调查表等。

(2) 客户方的资料准备

试乘试驾前,要完成客户的证照查验、复印存档及相关文件的签署手续。如请客户出示身份证、驾驶证,并复印存档。同时,还应请客户签署试乘试驾协议书,这既是对客户必须安全驾驶的要求和暗示,也是一旦出现安全问题分清责任的方法。

4. 路线准备

规划好试车路线,使客户有足够的时间来体验车辆的性能,熟悉并喜欢试乘试驾车型。事先选择行车路线,要能够凸显车型的优势性能,最好选择那些车流量少的平坦路面,同时适当增加一些坑洼、爬坡路段,增加客户的乐趣和适应性。整个试车时间,控制在 15 min 左右为宜。

安排试驾路线,需要注意以下事项:
- 试驾行驶路线应能够充分展示汽车性能和特性,尽可能避开交通拥挤的时段和路段。
- 汽车营销人员实地查看确认路况,熟悉路线路况,如是否修路、改路等状况。
- 汽车营销人员要把试驾路线制成路线图备用。

二、试乘试驾演示的重点

通常试乘试驾的时间有限,演示的过程不可能面面俱到,所以有针对性地演示重点内容即可。

1. 试车前演示的重点

试车前销售顾问必须工作到位,以策万全。为避免试乘试驾过程中出现意想不到的问题,试车前销售顾问应向客户说明车辆的使用方法、试乘试驾程序、路线安排等,如有可能,最好提供一份书面路线图。

(1) 确认试乘试驾路线

可以利用路线图,让客户了解路线范围,以及沿途需要注意和加强体验的路段。这不但可以让客户做到心中有数,临事不慌;同时也可以避免客户自行选择其他路线,带来意想不到的麻烦。

(2) 引导客户熟悉车辆

●熟悉车辆外观。如欣赏外观设计风格,观察车体钢板厚实表现,体验漆面光滑亮丽程度,体验五门掀背功能等。

●熟悉车门设计。如前后车门的开启角度大(尤其是后门)、车门厚重安全高、车窗宽阔视野好(尤其是后门三角窗向后延伸)、车门槛宽大刚性好、车门关闭声音厚重饱满等。

●熟悉车内空间和布局。一是引导客户体验便捷的座椅调整、安全带调整、后视镜调整以及方向盘调整。二是向客户展示宽敞的头部腿部空间、典雅的仪表台布局,还有做工精细、美观大方的仪表台。

(3) 展示车辆运行状态

点火起动车辆,让客户感受发动机的运行状态。如发动机声音沉稳,怠速情况下发动机的安静无抖动等。销售顾问可以有意识地引导客户注意发动机的工作特性,告诉客户这不仅说明发动机的技术很成熟,还表明发动机舱的隔声、整车的密封效果也很好。

2. 客户试乘时演示的重点

客户试乘时,应由销售顾问驾驶,客户在旁边熟悉车内各项配置。销售顾问在驾驶过程中,边示范边讲解,以便客户充分感受车辆的优势。试乘演示的重点包括起步、换挡、打方向盘、行驶和制动等。

（1）挡位控制

销售顾问演示挡位控制时，应侧重演示：手动挡清晰无误的入挡手感、自动挡无顿挫的智能换挡体验，还有液压离合器的轻便省力特点等。

（2）行驶特性

销售顾问演示行驶特性时，应演示：起步时，车辆平顺方向轻，起步防滑效果好；加速时，电子油门反应灵敏，加速性能好；高速行驶时，方向盘手感重，车辆没有飘移现象；蛇形行驶时，转向反应灵敏，悬挂响应性能好，中速大半径转弯抗侧倾能力强；紧急制动时，刹车稳定、距离短。

（3）乘坐感受

销售顾问演示乘坐感受时，应演示：座椅的舒适大小，视野的开阔程度，空调效果的快慢，音响、噪声的控制范围等。

3. 客户试驾时演示的重点

销售顾问引导客户体验车辆性能、强化动态优势，并观察客户驾驶方式，了解客户的关注点。然后，根据客户的关注点，重点讲解与竞争对手、竞争车型的差别和优势，引导体验并寻求客户对性能优势差别的认同。赞美可以接近距离，这时候适当地称赞客户的驾驶技术，会非常有用。

三、试乘试驾注意事项

1. 注重礼仪

（1）关怀客户

在试乘试驾过程中，客户最重视的不是销售顾问有多会说，介绍得有多全面，而在于对方是否"以客为尊"。因此，销售顾问要时刻注意礼节礼仪，如每一次客户上、下车的时候都为客户开、关车门，防止客户头部碰到车门等。

（2）试乘试驾过程中，不宜谈及价格

当试乘试驾结束后，若客户情绪不错，销售顾问判断有签约的可能，方可将客户带入展厅，利用客户这一时间的热情和冲动尝试签约。

2. 以客户的需求为中心

● 只要客户有要求，就要尽可能为客户提供试乘试驾。

● 重点强调和突出车辆的特色和好处，指出那些可能激发客户兴趣的内部配置和特征。通过客户的反应，确认车辆是否符合客户的需求。如"您觉得怎么样？""还有什么地方想要特别了解的吗？"等。

● 关注客户的试车感受，并记下客户的个性化要求。若客户在试驾过程中，没有提出问题，就尽量不要讲话，让客户自己充分体会车辆的特性。

3. 注重规范，确保安全

● 销售顾问应准备好专门的试乘试驾车，不但要整洁，还要保证足够的汽油。

● 为更好地了解试驾车辆，顾客在驾乘的同时应全程由工作人员陪同；工作人员要向顾客详细介绍试驾车型的有关特点。

● 试驾时要注意遵守交通规则，上车系好安全带，中途换人驾驶时注意来往车辆行人。

● 为了保证安全，试驾时车速不可过快，沿途勿超车逆行，如无特殊情况勿猛踩油门及刹车。

● 试驾者如对车辆状况不熟，勿按无关按钮开关，如有疑问可向陪驾人员咨询。试驾顺序服从陪驾人员的安排。

● 注意保护车内装饰，不准在车内吸烟、吃东西。

● 严格遵守以上试车规则，服从各路段工作人员的指挥。如违反试乘试驾规定或不按指定路线方向行驶，由此产生的一切后果将由顾客本人自行负责。

课题五 车辆的展示与介绍

思考与练习

简答题：

1. 车辆展示的要点可用哪八个字概括？

2. 六方位绕车介绍法是指车的哪六个方位？

3. FAB 的含义是什么？

4. 试乘试驾应注意哪些事项？

课题六

异议处理与签约成交

[知识目标]

1. 了解在汽车销售的整个过程中各阶段客户产生异议的原因。
2. 掌握正确对待异议、处理异议的方法和技巧。
3. 了解签约成交的成败原因。
4. 熟悉成交的基本原则、具体技巧与风险防范方法。

[能力目标]

1. 能够正确处理客户异议。
2. 能够成功进行签约成交。

任务一　客户异议处理

客户对销售顾问以及产品、价格、质量、服务等方面提出的质疑或不同见解称为异议。从接近客户、了解需求、产品介绍、试乘试驾、提出建议到签约交车的每一个阶段，客户都有可能提出异议。销售顾问应认真分析异议产生的原因，并正确处理客户的异议。那么，处理客户异议是否真的非常困难呢？其实，客户异议的出现，也可视为销售机会出现的契机。若销售顾问能把握机会，学会分辨异议和借口，并找到真正的异议，采取针对性的方法和技巧，反而更容易达成销售目的。其实，每化解一个异议，就摒除了与客户交流的一个障碍，就越接近客户的预期。很多销售机会，就是从客户的拒绝开始的。

一、客户异议产生的原因

客户产生异议的原因有很多种，通常，信息不足或不全面会使客户误解甚至怀疑汽车销售顾问的动机或产品的可靠性。

1. 误解

歌德曾说过：误解与成见，往往会在世界上铸成比诡诈与恶意更多的过错。而客户对汽车销售的误解，虽然不会造成什么过错，但绝对会影响销售工作的成败。如过去因质量不合格等，进口车有召回的措施，现在国内也慢慢地引入了这种机制。召回其实是厂家针对出现的问题，采取的积极主动的行动，从提高产品质量的角度出发而采取的一项措施。这些都是好事情，是对客户负责的一种表现。但有的客户不这样想，反而认为召回的车肯定有问题，而且问题很大。其实客户不了解，不论哪款车都不敢说绝对完美无缺。就如在中国名声不错的奔驰、宝马，车虽然都不错，但也有召回的情景。

2. 怀疑

科学研究需要怀疑精神，但如果怀疑黏上销售活动只会带来糟糕的结果。客户的怀疑来自方方面面，可能是社会的大气候，也可能是听到了一些不真实的信息。如大家都在讲降价，那款车降价了，这款车也降价了，那么，你这款车不用说肯定也要降价。如果销售顾问说不降，客户就会想为什么不降。是不是想着利润不放手啊？客户一旦这么想，就会怀疑购车决策的正确性，甚至放弃了原本打算购买的主意。

3. 其他原因

有时候，客户异议既不是因为误解，也不是来自怀疑，而是纯粹不想买车，只是来凑热闹的。如客户有时会直截了当地说，"这个车价格太高了"。如果销售顾问询问客户可以接受什么价位时，客户就故意报出一个很低的价位，这个价位低得甚至变成不可能的事。通常，凑热闹型的客户主要表现为以下两种。

（1）有心思没行动的客户

有心思没行动的客户也许心里早就想着圆车梦，但目前还没有这个能力，可是却按捺不住看车的欲望，于是跑到汽车展厅里去看车，问问这个，又问问那个，表现出很关心、很喜欢这辆车的样子。在这个时候，销售顾问往往会有一种误解，以为客户很想买车，但其实并没有，因为一谈到实际问题他们就开始躲避。所以，为了应付销售顾问的询问，这类客户会提出一些明显不合理的要求，以便销售顾问"知难而退"。

（2）无事消遣的客户

无事消遣的客户也许是路过看看新鲜，也许是外边太热进来乘凉，不论属于哪种原因，这类客户的本意并不是想买车，只是顺便看看车，甚至有的时候看到车门开着也想进去坐坐。如果销售顾问不明就里迎上前去，他们也会假模假样地去跟销售顾问讨论一些有关车的事情。可一旦销售顾问向他们询问购买意图的时候，他们就开始逃避。有的甚至挑东拣西，以掩饰自己的真实意图。

二、正确对待客户的异议

在汽车销售过程中，出现客户异议是很平常的事。客户有异议，首先表明客户感兴趣，但有些疑虑需要解决。这时候，客户异议其实传达了这样一个信息，如能解决了我的疑虑，我就可以考虑购车。从这个层面上讲，异议就是销售的真正开始。只要汽车销售顾问能及时与之沟通，通过双方的坦诚交流、畅所欲言，准确掌握客户问题的重心，消除分歧也不是什么难事。

1. 客户异议的表现

异议就是客户对你、你的产品、价格、服务、质量等方面提出的质疑或不同见解。通常，客户异议主要表现为三个方面，即推销方面的客户异议、产品方面的客户异议以及服务方面的客户异议。

（1）推销方面的客户异议

推销方面的客户异议表现为对可信度、真实性方面的质疑，如有些人也许是出于经验，或是出于误解，但无一例外地对销售有着天然的强烈质疑。

（2）产品方面的客户异议

产品方面的客户异议表现为对产品特性、功能等方面的质疑，如"听说你们的车油耗比较高？""这个车型的轮胎好像不安全？"等。

（3）服务方面的客户异议

服务方面的客户异议表现为对销售优惠、售后承诺等方面的质疑，如"这是你们所有的优惠项目吗？""一旦出现问题如何处理？"等。

2. 回应客户异议的技巧

回答客户的问题，是销售工作中重要的一个环节。这不仅体现了汽车销售顾问的沟通能力，还为企业树立了良好的品牌形象。销售顾问必须遵循实事求是的原则，了解解答客户问题的技巧，以便为客户解答问题，赢得客户的信赖，最终促成交易。

（1）专业

一个成功的销售顾问，首先要专业，不但应具备齐全的专业知识，更要有化专业为简单的解释能力，即解答客户疑问时，要专业也要通俗易通。销售顾问如果仅仅只能刻板地向客户传输一些专业名词，只会导致客户不知所云、心生烦厌。所以，销售顾问在给予客户专业性描述的同时，还必须保证客户听得懂，这才能达到解答客户问题的目的。展示专业的销售形象，能让客户印象深刻，更容易促成交易。

（2）精确

一旦了解到客户的问题，销售顾问就应该精短而又准确地进行回答，切忌拖拖拉拉、含糊不清地说一大堆没用的话语，尽量去揣摩客户问题的深意。一个问题，必须能够通过简短的语言回答出来，而且能够解决客户的疑惑。如果销售顾问说了一堆与问题无关的话，却没有达到解决客户疑问的效果，这或许会让客户怀疑销售顾问的专业性程度。

（3）全面

销售顾问在回答客户问题时，必须要全面，但全面并不意味着要说很多话。有的销售顾问为了表现自己的专业，在客户面前滔滔不绝却没有说中要点，这只会让客户怀疑销售顾问的沟通能力。全面的意思就是针对问题进行全面的回答，特别是关键问题不能遗漏。销售顾问还得学会问一答十，因为有些问题每个客户都会进行了解，所以销售顾问可以一并说出，让客户觉得销售顾问服务得真的很周到。

（4）反问

销售顾问也许会碰到一些自己解答不出来的问题，或者一时间没有把握住客户问题的要点，这时候可以灵活地"以攻代守"，对客户进行巧妙地反问。当然，反问的语气一定要委婉，不能引起客户的反感。如销售顾问可以通过重复客户的问题进行询问，因为这样既能让客户感觉问题受到重视，也可以让自己更清楚地了解客户的问题所在。

任务二　处理异议的方法

处理客户异议的方式方法很重要。首先要正确对待,不能认为客户无事生非。在与客户的沟通过程中,要绝对避免争论,因为销售顾问不可能在与客户的争论中获胜。此外,在处理客户异议的过程中需要坚持哪些原则,需要运用哪些方法和技巧都是销售顾问所要解决的问题。

一、处理客户异议的原则

1. 防范大于处理

最好的异议处理方法就是"防范于未然",将客户的异议扼杀在萌芽状态,这是处理异议最高明的做法,既省时又省力。

(1) 提前预防

猜测客户可能出现的异议,交谈中有意无意地针对此类异议展开话题,潜移默化地消弭客户的疑虑。比如价格异议,这几乎是每个客户会涉及的问题。与其在谈判后期反复纠缠于价格高低,不如在产品介绍等环节积极预防价格异议的出现。一是陈述品牌的价值。同是购车,客户在这里买的是品牌车,而花同样的钱去买的另一款车却不知名。这个品牌的价值,就是值得购买的地方。客户开了这个品牌的车以后,更加彰显身份,不但更有面子,而且出去办事也比以前方便得多。二是指出车辆装配的差别。这款车的装备大多是进口件,结实耐用。但因为是进口件,所以单件的价格比国产的要高。既然如此,单从配件价格来说,这款车对客户也是很值得的了。此外,还有服务。销售顾问有意识地展示高超的服务水准、良好的公司形象、可信的品牌知名度等,让客户从感官到内心,都不断感受并回味产品和服务,体味其中的价值,自觉削弱大小异议。

(2) 降低客户预期

常言道:"希望越大失望越大。"为避免客户异议,降低客户对产品和服务的预期,也是不错的方法。

假如你是一名销售顾问，正在向客户销售奇瑞QQ汽车，但客户觉得奇瑞QQ档次很低，并希望QQ的座椅能换成真皮。面对客户的这种期望，作为销售顾问肯定不能满足他的期望。这时候，你就必须想方设法地尽量降低客户的期望值。你应设法告诉客户，他现在看到的这款车不是价值上百万的奔驰，而是标价两三万元的QQ，价格上差不多相差五六十倍。这是让客户从心里意识到，他是在花3万元买一辆车，而不是花100万元买一辆车，然后自觉降低过高的期望值，减少异议发生的空间。

2. 尊重客户

（1）理解客户异议

因为信息、信任等方面的问题，客户产生异议很正常。对此，销售顾问应充分理解并客观地对待，不能因此认为客户故意刁难，从而漠而待之甚至恶言相向。当客户提出批评时，要充分肯定对方意见中的积极方面，同时表示感谢和表明改善的决心。销售顾问态度要诚恳，要理解客户、体谅客户。人与人之间最重要的就是尊重，让客户感受到尊重，反过来客户也会理解销售顾问。

（2）维护客户自尊

每个人都有自尊，也都希望受到他人的尊重。若客户在表达异议追求解答的过程中，得到的不是热情周到的服务，反而是冷漠以待甚至恶语相向，客户肯定会因为没面子或心情不爽而拒绝购买。相反，销售顾问若能处处维护客户自尊，满足其心理平衡，自然容易赢得客户的信赖，赢得交易的机会。

3. 冷静、客观

（1）不抱怨，不争辩

环境和情况越严峻，销售顾问越要自我克制，控制好场面，不要为一些棘手的问题而焦虑。如果问题较复杂，就要以冷静、平和、友好的态度去与对方探讨问题的根源，让客户自己进行判断。销售顾问要充分展示一个专业的汽车营销人员的个人风度、修养和自信心，时刻保持平静的心态和友好的姿态，做到泰山压顶而面不改色。要记住：赢了客户便会输了生意。销售是提供服务和合理的说服，而不是争辩。

（2）强调客户收益

客户之所以表达异议是因为担心自己的利益受损。因此，客户所提出的问题，大多数都属于使用汽车时产生的利益问题。如这款车为什么这么贵？太不值了！这个问题本身就属于利益问题。其实，客户在采购汽车的过程中会问到许多问题，不论是商务问题，还是技术问题，但究其实质应该算是利益问题。如客户关心AEB功能，似乎只是一个纯技术问题，但其实客户关心的是这个AEB对行车安全有什么帮助。

二、处理异议的方法和技巧

把异议当成一种积极的信号，抓住这个销售的机会。保持积极的心态，认真听取并理解客户的异议，站在客户的立场上，耐心体贴地化解客户的异议。

1. 处理异议的正确态度

（1）主动谦让

异议产生后，不论客户提出批评或进行投诉的方式、方法是否正确，都应将这视为对本公司产品和服务的关心。销售顾问的态度，首先并不是据理力争，而应及时对客户进行适度谦让，尽量平复客户的情绪。可结合具体情况，直接向客户表达歉意。如：对不起，让您如此费心，真的很抱歉。

（2）有效沟通

当客户情绪稍稍平复后，销售顾问一定要积极与客户进行有效的沟通。认真倾听客户的申诉，并保持热情友善、耐心周到的礼数，既要了解客户的本意，也要让对方看到我们对客户意见的重视和处理异议的积极态度。

（3）满足合理要求

全面了解客户的意见后，对于客户的合理要求，销售顾问应尽可能予以满足。若一时难以满足，也要说明原因并致歉。即便有些客户得理不让人，恶语相加甚至以投诉相要挟，销售顾问也要尽量保持克制，不与对方较劲。

2. 处理客户异议的具体方法

（1）忽视法

有些异议，其实无关紧要，客户也并不是真的想要解决。对于此类异议，销售顾问可以采取忽视的态度，轻轻带过。

（2）反问法

有些异议，或许就是因为误解或缺乏了解，而由客户自己造成的。这时候，利用反问法，如："您为什么这样认为呢？"引导客户自己否定自己的异议。同时，也可以在客户陈述异议的过程中，获得更加精确的信息。

（3）缓冲法

某些时候，直接反驳客户的异议，容易招致客户的反感。销售顾问可以先尝试顺着客户的观点，进行适当的延伸和补充，以缓和一下形势。然后再委婉地提出不同观点，这样或许客户更容易接受。如："您刚才提到的油耗高，看得出来您已经花了一段时间研究我们的车，很感谢您的关注。但如果我给您做个测试，或许您的看法就会改变了……"

（4）转化法

利用负面不利的异议，转变为对销售正面有利的观点。如客户不满意车辆轮胎窄了些，销售顾问可以这样解释："在抓地力足够的前提下，轮胎窄些可以更省油。"

（5）预防法

俗话说，防患于未然。这对销售同样适用，就是将可能出现的客户异议消灭于无形中。如："车身重开起来自然更平稳，但油耗也会增加不少。"

（6）补偿法

有些客户异议指出的问题确实存在。但一味纠结于此，显然不利于问题的解决。销售顾问可以利用产品的其他优势，来补偿自己产品某方面的劣势。如："这款车的内饰材料虽然档次不高，但您看看，做工却很精细呢。"

（7）证明法

利用客户的从众心理，引用第三方的评价和观点，消除客户的异议。如："这款车用起来很安心，您不妨向购买这款车的车主了解一下。"

（8）主动法

某些客户尽管对产品表现出犹豫的态度，却又不主动提出异议。这时候，销售顾问为了引出问题，可以主动提出客户心里肯定存在的异议。如："您是否对我们的产品质量不放心呢？"

(9)延缓法

对于不便于回答的异议,销售顾问可以给出延缓的理由,向客户表示已经注意到了他的异议。如:"我在等会儿介绍产品时,向您重点解释。"

任务三　签约成交

签约成交,被称为销售活动中的"临门一脚",即成功在望的一步。但不少销售顾问却在"临门一脚"的时候,更加紧张了。当客户进门时,销售顾问都跃跃欲试、反应机敏,恨不得马上就冲上去接待客户。在接待客户的过程中,也讲了很多有关汽车产品方面的知识,消除了客户接二连三的疑虑。但经历了这么多的环节,往往到了排除客户异议之后,却不知道该如何做了,导致前功尽弃。

那么究竟应该怎么做呢?究竟销售顾问在这个环节如何应对才能确保签约顺利呢?首先要克服引导成交的心理障碍,体察客户的语言信号和行为信号,适时地建议客户购买,并要掌握假设法、压力法、诱导法、二选一法、赞美法等成交技巧。此外,还要注意防范成交失败,以免真的功亏一篑。

一、推销成交失利的原因

汽车销售失利的原因很多,如销售顾问对产品不熟悉、谈判能力欠缺说服力以及没有掌控好价格等。

1. 价格策略错误

- 有些销售顾问急于挽留客户,让步太快。结果不但没有留住客户,反而在谈判中陷入被动,最终导致无法成交。
- 销售顾问事先对各车型的价格没有掌握好,现场报错价,有的甚至低于成本价,这样的价格自然无法成交。
- 附加项价格不清楚。如果关联附带项价格不清楚,算错或报错,都将影响主体销售,如附加车辆保险以及其他选装成本等。
- 谈价时,语气不够坚定,也不会拒绝客户,因此,价格申请的次数过多。这不但给客户生出价格还可以再商量的希望,也显出销售顾问掌控能力的不足。最终因为价格的差异,交易也很难达成。

2. 对产品不熟悉

- 有些销售顾问对所售车辆不熟悉，容易导致客户不信任，同时也无法突出产品的差异和优势，难以说服客户。
- 由于粗心或准备不足等，从而导致产品介绍错误，被客户一时识别，或不懂装懂，招致客户反感、觉得销售顾问不可信。

3. 谈判能力差

- 洽谈时，销售顾问废话太多，没有重点，以致客户犹豫不决。
- 销售顾问缺乏谈判技术、技巧，语言没有逻辑，谈判没有思路，说话也离谱，令人难以置信。有的甚至说了客户忌讳的话，导致客户心生不满，放弃交易。
- 对待客户不真诚，导致交易失败。

4. 相关程序错误

- 有时，销售顾问对客户的需求分析还不够清楚，就开始进入议价谈判环节。价格谈成了，客户却表示回去考虑考虑，结果大多不了了之。
- 谈好价格，不料客户临时反悔，表示所议车型不合适，这其实是因为前期销售顾问在需求分析上不到位造成的。
- 提供合同的速度太慢，或写合同的时候说话太多，以致客户心生疑虑，犹豫不决，从而反悔。
- 销售顾问不注重细节，签合同的时候三心二意，和其他用户碰头，进行价格交流。
- 商谈时，对顾客要求的定金太少，以致顾客因故退车。
- 其他用户的评价太差。口碑不好导致用户犹豫。
- 销售顾问太实在，说话缺乏技巧性。虽然说的是真话、实话，但用户无法接受。

二、适时建议成交

在适当的时候，建议客户购买非常重要。著名的汽车销售员乔·吉拉德曾说过：成交就像求婚，不能太直接，但一定要主动。当然，这里讲的是建议客户购买，销售顾问需要注意语言技巧，不能这样说："这位客户，咱们谈得差不多了，我建议您现在就买吧"。如果这样说，就太不讲究技巧了。客户一旦回绝，销售顾问就一点退路也没有了。那么，在什么情况下建议客户购买最合适呢？通常，客户购买意愿都有迹可循。

1. 行为信号

很多时候，客户针对具体的车型，或多或少总有这样或那样的异议，但在销售顾问的努力下，都解决了。交谈双方气氛缓和了、心情放松了，这个时候就要开始注意了：客户的放松感，其实传达出的是购买意向的信号。

（1）突然郑重起来

也许在交谈之初，客户一屁股坐在椅子上，后背往上一靠，跷起二郎腿，整个人似乎没将购车谈判当回事。客户会想，"我是客户，有什么事儿你围绕我转，这个钱在我口袋里，我想买谁的车就买谁的车"。表现在行为上，神情自然有些倨傲。可是若客户突然把腰背直立起来，不再靠沙发，而是身体朝着销售顾问的方向往前倾斜，这就意味着，客户想与销售顾问好好聊聊成交的事了。

（2）主动拉近距离

交谈之中，客户一直与销售顾问保持一定的距离。现在，却将座椅朝销售顾问跟前拉一拉，好像要把两个人坐的距离拉近一些，以便更好地交流关键环节。

（3）主动套近乎

以前都是销售顾问巴结客户、说好话，甚至给客户倒水、敬茶等，这时候客户却"前倨后恭"，主动亲近销售顾问，这就表示客户基本上没什么意见了，要决定买车。但客户还有一点点犹豫："我买车容易，今天掏钱就买了，我考虑的是售后服务"。客户的这些举动，都是主动套近乎，其实是想获得更好的服务，也就证明客户要下决心了。

有时候决定权以外的人也会对销售顾问表示一种友好的态度，比如他们老板决定了，就在这儿买车了。经办人来办这件事，首先想的就是他要把事情办好，别办砸了。但这个店他不熟悉，人也不认识。所以，他希望与销售顾问套套近乎，让他把事情做得漂亮一点，回去好交差。

2. 语言信号

（1）讨价还价

客户跟销售顾问讲，"您这个车除了这个价还能给我什么？"在这个时候他是认真地跟你讨价还价了。他想花最少的钱买最好的东西，所以一点好处都想要。"这个能不能送我啊？那个能不能送我啊？您有什么促销活动？""这个售后服务免费保养的次数能不能多加一次啊？"因为有一些交换的性质在里边，所以对这种事情也可以采取另外一种技巧。

如果你说，"您的这些要求，我现在不能决定，我会去向领导请示，如果争取下来能给您的话，您怎么办？"这个客户会说，"您只要跟领导请示，把这个东西给我，我马上付全款。"这些话都是客户经常讲的。所以，一开始销售顾问就要留点余地。这个余地留得越多对销售顾问就越方便，留得越少就越困难。

销售顾问也不知道超出范围的请示领导会不会批。但往往就在这个最关键的地方，因为这个问题没给客户解决，客户不高兴了，就走了。等事情过了以后回过头来想想，还不如给他了，你自己掏点钱把东西买下来送给他又怎么样呢？不能因小失大。销售顾问有这样的想法时双方都会主动。这个客户回去以后也想,今天怎么会没成交呢?又不是不要车,就因为这么一点点小事情没买,真是不值得。客户想完以后很可能后悔,但又碍人面子不愿再回去。所以,这个时候销售顾问一定要用一些技巧来跟客户谈。

(2)其他信号

语言信号,还包括客户跟销售顾问谈交货时间、车的颜色,以及询问保修、保险问题等情况。客户可能会说:"您看这个车怎么样,到底值不值得买啊。"这些都是信号,证明他基本上已经没什么意见了。

三、成交的方法和技巧

汽车销售成交最为关键,就像足球比赛的临门一脚,决定着成败。因此,提高成交水平和技巧,对于销售顾问很关键。

1. 成交的基本原则

(1)营造宽松的气氛

在成交阶段不应有任何催促的倾向,而应让客户有更充分的时间考虑和做出决定,但销售顾问应巧妙地加强客户对于所购产品的信心。在办理相关文件时,销售顾问应努力营造轻松的签约气氛。

(2)主动提及签约成交

在签约成交这"临门一脚"的时候,有一个关键的地方就是销售顾问要主动地去说,要主动地引出客户的想法,让客户去说,让客户去选择,然后顺着客户这条道儿走下去,最终促成交易。

比如销售顾问可以试探客户。当大家都没有话题的时候,可以对另一位销售顾问说:"小李呀帮个忙,去把购车合同拿过来"。这虽然没有明确告诉客户该签合同了,但这个动作其实暗示了这一层意思。这时候,销售顾问就要看客户的反应了。如果客户这个时候没有什么反应,那就基本上没有什么希望了。如果这时候客户说,"赶紧把合同拿过来,让我看看您的合同"。就表示很有希望,销售顾问一定要抓住时机,趁热打铁。

(3)运用得当的方法

现在很多销售顾问都在用各种各样的方法,促成客户成交。比如假设法和压力法。

打个比方，假设客户想要购买，销售顾问可以这么说："先生，如果您要买的话，您是选择黑色的还是选择白色的呢？"将这个问题抛给客户，引导客户根据其需要回答。如果客户的回答是肯定的，就可以顺理成章地进入签约成交。如果是否定的，就说明客户肯定有什么问题还没有解决，想办法去解决问题。黑的不要，白的也不要，银色的呢？那么话题就来了。

若销售顾问按照银色的车往下谈，可以告诉客户，"这个银色的车，我查一查库存还剩两辆，是星期一刚到的货，六辆车现在只剩两辆了。"这个客户一听，就紧张了，再不买过两天就没了。这就是客户的心理。

将假设法与压力法结合起来，交易的促成就容易多了。

2. 成交的具体技巧

心理学认为，客户在准备掏钱的时候常常会犹豫。在这种情况下，要抓住客户促成交易，就需要使用一些成交的技巧。

（1）选择成交法

选择成交法，即提供几个可供选择的成交方案，任客户选择一种。销售顾问也可以说："这几款车您选择哪款，您喜欢哪款？"或者说："您买车是用现金、用分期，还是做按揭"等，让客户自己去选择。

当然，在更早一点的时候，销售顾问若觉得时机成熟，就可以问客户："先生，您看是选择手动挡的好呢，还是选择自动挡的好呢？"这个时候，彼此就可以提前进入需求分析，或者提前进入客户接待。

这种办法适合于帮助那些没有决定力的客户。它是将选择权交给销售顾问，没有强加于人的感觉，自然利于成交。

（2）请求成交法

请求成交法，即销售顾问用简单明确的语言直接要求客户购买。成交时机成熟时，销售顾问要及时采取这个办法。该方法有利于排除客户不愿主动成交的心理障碍，加速客户决策。

但请求成交法容易给客户造成心理压力，引起反感。该方法适合客户有意愿，但不好意思提出或犹豫的时候。

（3）肯定成交法

肯定成交法，即销售顾问用赞美坚定客户的购买决心，从而签约成交的方法。比方说，客户正在看这个车，销售顾问说："先生，您选择这款车真得是很有眼光啊，我告诉您啊，这款车数量很少……"客户都愿意听赞美的话，若销售顾问称赞他有眼光，客户自然高兴，当然有利于成交。

销售顾问也可以在展厅里互相配合。如利用给客户倒茶和递资料的时候说："小张是我们这里最资深的销售顾问了,他很有经验,您找他买车,什么问题都可以帮您解决。"客户一听,就会想,"他是专家,我愿意跟他谈。"

肯定成交法运用的时机,是客户对产品有较大兴趣的时候。而且销售顾问的赞美必须发自内心,语言要实在、态度要诚恳。

(4)从众成交法

客户购车容易受到社会环境的影响,如现在流行什么车,某某名人或熟人购买了什么车,常常影响客户的购买决策。但此法不适用于自我意识强的客户。

(5)优惠成交法

销售中通过提供优惠条件来促成交易,即为优惠成交法。此方法利用客户沾光的微妙心理,促动客户的心弦,完成交易。但此法将增加成本,可以作为一种利用客户进行推广并让客户从心理上得到满足的一种办法。

(6)假定成交法

假定成交法,即假定客户已经做出了决策,通过对某一些具体问题做出答复,从而促使成交的方法。如对意向客户说:"这辆车非常满足您的需要,您看需要我们对其进行装饰吗。"该法较适合老客户、熟客户或个性随和、依赖性强的客户,不适合自我意识强的客户。此外,销售顾问还要看好时机。

(7)利益汇总成交法

利益汇总成交法是销售顾问将所销车型将带给客户的主要利益的汇总。将其提供给客户,有利于激发客户的购买欲望、促成交易。但应用此办法时必须准确地把握客户的内在需求。

(8)保证成交法

保证成交法,即用向客户提供售后服务的保证来促成交易。采取此方法时要求销售顾问必须"言必信,行必果"。

(9)小点成交法

小点成交法是指销售顾问通过解决次要问题,促成整体交易的办法。牺牲局部,争取全局。如售车时先解决客户的执照、消费贷款等问题。

(10) 最后机会法

最后机会法是指给客户提供最后的成交机会，促使购买的一种办法。如告诉客户公司现在搞促销，若这期间买车的话，公司会有不少的优惠条件。但这几天刚好是促销活动最后的时间，是得到促销优惠的最后机会，让客户明白"机不可失、时不再来"，变客户的犹豫为确定购买。

又如在谈到车型的时候，销售顾问可以问旁边的销售顾问："那辆车还有没有了，小李帮我看一看。"小李马上就说："小张，我听说昨天小赵有个客户也要这辆车，不知道他付钱了没有，他要是付了钱这辆车就没有了。"这个客户一听就会紧张：这辆车没有了？因此会很关切："那什么时候才会有啊？请您赶紧去问一下"。销售顾问问完以后，先不说结果，而是看客户的表情。客户说，"能不能想办法把这辆车先卖给我啊？"销售顾问马上说，"小赵那个客户讲了，他们两个人再商量一下，可能是下周一交钱。"这位客户一听，马上说"他下周一付钱，我现在就付钱。"这样，一桩交易就完成了。

四、成交阶段的风险防范

即便到了成交阶段，也不能万事大吉，还有相当大的风险需要销售顾问认真考虑，加以防范。在整个销售过程中，一定要"以客户为中心"，以一个销售顾问良好的心理素质、高尚的职业道德、合理的知识结构、全面的工作能力为基础，当好客户的"参谋"，消除客户的各种疑虑，促成交易。

1. 典型的风险分析

(1) 确定颜色

颜色问题经常会出现。比如客户来了以后，因为有急事，就没跟销售顾问绕弯子，也没看样车，一见面就问：黄的车有没有啊？当得到销售顾问的肯定回答后，客户说就买黄色的车。然后，把定金一付人就走了。等客户赶来提车的时候，新车交车前的检查都做好了，也开过蜡，各个方面都清理过了。但客户仔细一看，发现眼前的这款车不是他想要的，因为客户意识中的黄色不是这个黄色。由于当时销售顾问并没有确定客户想要的是哪种黄色，所以就出现了纠纷。本来客户定金都付了，现在却不要了。最后客户只能做个让步，买了一个其他颜色的车。但定好的这个车怎么办？已经开过蜡，做过检查，很难再卖出去。

(2) 款到发货

现在购车大多采用刷卡或支票转账形式付款，但这种付款方式有一定的时间差，因此交车时钱没到账，也是经常遇到的情况。也许对客户来说，他将支票往财务那里一放，就意味着他付款了，可以将车提走了。但因为"时间差"的关系，支票并不等于钱。在这种情况下就不能让客户将车开走。销售顾问一定要严格遵守合同里的条款，做到款到发货。对于这个风险，一定要事先解决,在跟客户谈判的时候,不要躲躲闪闪。

2. 风险防范举例

(1) 有关价格的疑问

1) 这车多少钱?

车的价格是一个很直接的问题。但是在汽车销售话术中,销售员绝对不能简单回答一句多少钱就完事。销售员的标准回答应是:"先生/小姐您好!我们这款车的价格定位比较人性化,都是根据客户的实际情况来配套配置的,所以价格也就会有所不同。"然后根据客户情况给出不同配置的报价,切忌一开始就给客户报最低的价格。因为你报出低的价格之后即使配置再好,客户也不愿意再出高的价格。

2) 这车能优惠多少?

关于车的优惠问题千万不能开始就把公司给你的低价亮出来,因为汽车销售话术技巧之一就是和客户谈判。销售顾问可以跟客户说:我们这个价格是非常优惠的,并且这个价格还有许多的优惠和赠送的精品。销售价格直接关系到公司和个人佣金的收益,不到万不得已宁可赠送礼品也不要轻易给客户一降再降。

3) 怎么比网上的价格贵这么多?

价格比网上贵这个问题在汽车销售话术中是一个很好回答的问题。汽车销售顾问在回答时首先要肯定客户。可以说:嗯,是的,我们的价格确实比网上略高了一点,但您也知道网上的东西都比较虚拟,况且我们这个价格的配置和服务在网上也是没有的,所以这个配置和售后的服务对于这个价格是不贵的。

4) 这车最低多少钱?

当客户问到车最低价格时说明他是真的想买这辆车。汽车销售话术就是不能和客户痛快,应该和客户周旋说明这个价格的优势,如果客户坚决要哪个价格才肯买,则可以在附加赠送的礼品和售后服务中减少。

5) 什么时候车能降价?

当客户问什么时候能降价时,就说明客户处于一个观望的阶段,也就是说他很想要这辆车,但只是觉得价格不合适。销售顾问一定不能随便回客户时间或者不知道就完事,而是抓住客户想要这台车的优势再次打动客户。在汽车销售话术中可以说：这款车在市场上很受欢迎，近期都很难有降价的空间，况且在这个价格的基础上我们赠送了附加礼品，也等于降了很多价格。

（2）额外优惠的疑问

1）还送什么礼品？

4S店在汽车销售过程中为了助销，准备了很多小礼品赠送给客户，但并不随便送，因为礼品也需要成本。当遇到客户问还送什么礼品时，销售顾问可以对客户说：我们已经赠送您很多礼品了，在这个价格上再送的话我们很难向公司交代。如果客户坚持要礼品，销售顾问可以对客户说：我马上帮您向上级申请，一定包您满意。从而让客户感觉到这个礼品有价值以及你帮助了他。

2）回去考虑一下

当客户表明回去考虑一下时，客户心里真实的想法有两个。一方面是很想要这辆车；另一方面是怕在价格和其他方面吃亏，心里没底。这时候，销售顾问千万不能就这样放客户走，而应该诚心诚意地询问客户的疑虑，如："请问您是不是还有哪些方面的顾虑？有什么疑问尽可以对我说，我一定帮您解答等"。利用巧妙的话术抓住客户的心理，站在客户的角度帮助客户分析问题，顺势打消客户所有的顾虑。

课题六 异议处理与签约成交

简答题:

1. 客户产生异议的原因有哪些?

2. 处理客户异议有哪些主要方法?

3. 什么导致推销成交失利?

4. 推销成交有哪些方法?

课题七

交车服务与售后跟踪服务

[知识目标]

1. 熟悉交车前注意事项。
2. 了解PDI检查的内容及要求。
3. 了解交车前预约客户的要求。
4. 掌握交车的具体过程要求。
5. 了解售后跟踪服务的内容及要求。

[能力目标]

1. 能够正确进行交车前的准备工作。
2. 能够按照规范要求完成交车流程。
3. 能够正确开展售后跟踪服务。

任务一 交车前的准备

交车环节是客户最兴奋的时刻。交车前，销售顾问应与客户确定好交车时间、地点，介绍交车流程，同时提醒客户携带需要的资料。然后，在交车当天，通知参与交车的相关人员，确保顺利交车。在这个步骤中，如何才能做得更好，让客户体味到拥有新车的喜悦？这对于提高客户的满意度起着重要的作用，但这也是很多汽车专卖店忽视的环节。销售顾问应该知道，在交车服务中与客户建立朋友关系，实际上就是在准备新一轮的客户开发。

一、交车注意事项

1. 即将交付的新车必须经过仔细的 PDI 检查

客户从众多车型中选择了我们的产品，加上广告和展车给客户留下的完美印象，导致客户对即将提到手的新车期望值非常高，很难接受任何一点瑕疵。所以，新车交付前必须进行非常仔细的检查。各厂家的检查标准，已详细地列在"新车 PDI 检查表"中，如表 7-1 所示。

表 7-1 新车 PDI 检查

A. 外观与内部	OK	16. 传动皮带的松紧状况（助力转向、发电机、压缩机） 17. 油门控制拉线	□□ □□
1. 内部与外观缺陷 2. 喷漆、电镀部件和车内装饰	□□ □□		
3. 随车物品、工具、备胎、千斤顶、随车资料、随车钥匙	□□	C. 操作与控制	
		18. 离合器踏板高度与自由行程 19. 制动器踏板高度与自由行程	□□ □□
B. 发动机部分		20. 油门踏板 21. 检查室内保险及备用件	□□ □□
4. 发动机盖锁扣及铰链 5. 电瓶电极	□□ □□		
6. 电解液高度 7. 主地线	□□ □□	D. 把点火开关转到位置 I	
8. 主保险及备用件 9. 制动液及缺油警告灯（包括 ABS）	□□ □□	22. 收音机调节 23. 收音机 /CD 机 /DVD 机	□□ □□
10. 液压离合器的液位（自动挡轿车必选） 11. 发动机油位	□□ □□	24. 所有警告灯的检查、ABS、手刹、油压／液位	□□
12. 冷却液位及水质 13. 动力转向液位	□□ □□	E. 起动发动机	
14.A/T 油位（自动挡轿车必选） 15. 车窗洗涤液位	□□ □□	25. 电瓶和起动机的工作及各警告灯显示情况 26. 急速	□□ □□

续表

27. 洗涤器工作	☐☐	H. 打开所有的车门	
28. 前后雨刮器的工作	☐☐		
29. 方向指示灯与自动解除	☐☐	63. 门灯	☐☐
30. 危险警告灯	☐☐	64. 后门儿童锁	☐☐
31. 侧灯和车牌灯	☐☐	65. 给锁/铰链加注润滑剂	☐☐
32. 大灯及远光灯（远光指示灯）	☐☐	66. 仪表板车门安全警示灯	☐☐
33. 雾灯开关	☐☐	67. 关闭车门检查安装情况	☐☐
34. 制动灯和倒车灯	☐☐	68. 一次性闭锁系统	☐☐
35. 仪表灯与调光器	☐☐	I. 把车辆完全升起来	
36. 烟缸及杂物箱照明灯	☐☐	69. 底部、发动机、制动器与燃油管路是否泄漏或破损	☐☐
37. 喇叭	☐☐		
38. 点烟器	☐☐	70. 悬架的固定与螺栓	☐☐
39. 天窗的操作	☐☐	71. M/T 油位	☐☐
40. 后窗除雾器与指示灯	☐☐		
41. 各种挡位下空调系统性能	☐☐	J. 行驶试验	
42. 循环开关	☐☐		
43. 电动车窗、主控制板、各车门开关、分控开关及自动开关	☐☐	72. 驾驶性能	☐☐
		73. 从内部、悬架及制动器发出的噪声	☐☐
44. 电动机及电热后视镜	☐☐	74. 制动器及手刹	☐☐
45. 时钟的设定及检查	☐☐	75. 方向盘自动回正	☐☐
		76. 方向盘振动与位置	☐☐
F. 关闭发动机		77. A/T 挡位变换（升挡、降挡）	☐☐
46. "未关灯"警告灯	☐☐	78. 里程表行程读数及取消	☐☐
G. 关闭各灯		K. 最终检查	
47. 方向盘自锁功能	☐☐	79. 故障指示灯	☐☐
48. 手刹调节	☐☐	80. 冷却风扇	☐☐
49. 方向盘角度调整	☐☐	81. 怠速及 CO	☐☐
50. 遮阳板	☐☐	82. 燃油、发动机油、冷却液及废气的渗漏	☐☐
51. 昼/夜后视镜	☐☐	83. 热启动性能	☐☐
52. 中央门锁及遥控装置（警报）	☐☐	84. 用 ABS 诊断仪检查 ABS 性能	☐☐
53. 室内照明灯	☐☐	85. 制冷剂观测窗	☐☐
54. 阅读照明灯	☐☐	86. 清洗车辆内外部	☐☐
55. 前后座椅安全带	☐☐	87. 检查车内包括后备厢是否有水漏入	☐☐
56. 座椅扶手	☐☐	问题描述	
57. 座椅靠背角度、座椅及头枕调整	☐☐		
58. 后备厢盖（后车门）的开启	☐☐	备注　工单号：　　　车型：	
59. 后备厢灯	☐☐	里　程：　　　KM：	
60. 加油盖的开启及燃油牌号	☐☐	检查员：　质检员：　服务经理：	
61. 后座椅的收放调整	☐☐	VIN：　检查日期：　特约店名称：	
62. 后备厢盖（后车门）的关闭及锁定	☐☐		

刚到店的新车由专业的服务技术人员按照"新车 PDI 检查表"所列的检查点逐一确认，确认没有任何质量问题后才能入库。

当从库车中交车时，交车前一天要再进行一次详细的 PDI 检查，主要确认车辆外观漆面、蓄电池和灯光、轮胎气压、雨刮等容易因为搁置而产生问题的地方。

注意

①根据主机厂规定的"新车 PDI 检查表"所列事项逐一检查。
②检查完成后，检查员必须记录、签字。
③检查过程发现的问题必须填写"PDI 检查反馈单"。
④未经过 PDI 检查，或者检查中发现的问题没有整改到位的，不允许邀请客户交车。

新车出现质量问题几乎是令客户最无法容忍的事情。一方面客户对车辆的期望值非常高，希望它没有任何瑕疵。同时，新车客户对产品也非常关注和挑剔，细小的问题都会引起客户不满，甚至放大到"这是一台不合格的车"这样抵触的情绪。据调查，20% 以上的客户投诉集中在 3 个月 5 000 km 这样的新车期。一旦新车的质量问题引起客户的抱怨，就很可能会造成客户再也不进厂服务。这样，后续的汽车精品、保养、维修、保险、再购等价值链就会在一开始早早断裂，给专卖店带来巨大损失。

2.PDI 检查的注意事项

做 PDI 检查一般情况下需要 3～4 h。因此，销售顾问应如实地告之客户做 PDI 检查需要 3～4 h，请客户耐心等待。同时还要保守一些，以防止新车做 PDI 检查时出现问题。

销售案例

一客户来专营店买了车，很开心。客户说："我付全款给你，你给我做一下检查。什么时间可以拿？我出去绕一圈。"

销售顾问说："2～3 h 以后，我给您车。"

因为这个客户很兴奋，他想早点拿到车，所以不到 2 h 他就回来了。在对车进行检查时发现了问题，举升机把这个新车抬起来以后发现变速箱漏油，而库房就剩这一台车了。了解到客户在 3 小时之后才取车，以为还来得及，就把车拆了，换了油封，把变速箱也拆了下来。拆一个变速箱不是简单的事情，要拆很多零部件。但没想到这个客户提前回来了。当时客户对拆车并没在意。

客户问道："你不是说 2～3 h 吗？现在已经 2 h 了。"

销售顾问回答说："还在做检查，麻烦您再等一会儿。"

这个客户有点不高兴了。3 h 后变速箱还没装好。销售顾问又对他说："您再稍等一会儿，马上就好了。"

车子拆装完之后开了出来。客户一看，这个车不就是刚才在举升机上拆的那辆吗？他生气地说："你凭什么拆我的车啊？"

这个案例说明，PDI 检查在时间上一定要向客户说得保守一些，不能把时间说得太急。

有些汽车 4S 店说，他们做新车检查很快就好，那肯定是骗人的。客户不懂没关系，但客户会跟别人说。这个车有成千上万个零部件，做检查要涉及机修岗位、油漆岗位、电工岗位，还涉及其他的岗位等，怎么可能 1 h 就做好呢？在正规的汽车销售流程里绝不允许出现这样的情况。对检查时间的设定，保守一点讲要 3～4 h，但还要看情况。如果一款车库存有两辆以上的话，销售顾问可以将时间设置得紧凑一点,因为实在不行还可以另外调一辆车。可如果只有一辆车了,却跟客户约定 2~3h,就是销售顾问对自己的不负责任,一旦出现问题,极易扩大矛盾。

3. 在约定的时间内联系客户,确认交车时间

无论所订车辆是否到店,在与客户约定的时间内必须跟客户联系。如果车辆到店,具备交车条件,与客户约定一个相对保守的交车时间,向客户介绍基本的交车流程和所需大概时长,说明客户需携带的材料和证件。如果车辆未到或者其他原因无法按时交车,则向客户致歉并说明原因,表示会密切跟踪车辆物流进度,到店后第一时间通知客户。必要时给延期交车的客户寄送一份礼品、车型资料,或者承诺给予一定的补偿,如一次免费保养等,尽量减轻客户的不满,如图 7-1 所示。

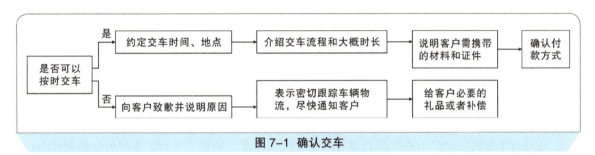

图 7-1 确认交车

客户一旦准备提车,往往一天也不愿意耽搁。如果因为物流或者其他原因导致无法按期交车,会大大降低客户的满意度。这时必须诚实地告知客户,诚恳地道歉,并说明原因,另外适当赠送礼品表示歉意,或者给予一定的经济补偿也是缓和客户焦急心理的方法。赠送的礼品最好是从主机厂订购的带有品牌 Logo 的礼品,可以进一步拉近客户距离。经济补偿最好以保养、汽车精品用品为主,可以承诺提车时兑现。专卖店在常规性的开展爱车讲堂活动中,也可以请客户前来参加,并赠送其所订购车辆的一些介绍材料。如果客户有时间去学习车辆使用保养知识,则可以适当降低等待的焦虑感。

通过一切办法缓和客户等待心理,减少抱怨,避免退单。

标准话术如下。

(1) 车辆如期到达,可以按时交车

您好赵先生,我是××××专卖店的销售顾问××,很高兴地通知您,您上周订的××款车已经到了,我们也对您的爱车仔细地做了检查,一切都没问题!您随时都可以过来提车,整个交车过程大概 1h,您看什么时间方便?

1) 客户确认了近日来提车

好的,那我们就在×日×时,请您到我们专卖店来办理交车手续。到时我会提前半小时与您联系。再跟您确认一下需要带的材料……(尤其是分期付款的客户,可以在电话后给客户

发短信,详细说明需携带的材料)另外我们非常希望您的家人或者朋友都能一起过来,分享交车过程的快乐!期待您的光临,再见!

2)客户暂时不方便提车

好的,如果您暂时不方便提车的话,我们会对其妥善保管。如果您定下来时间请提前通知我,我也会在下周再与您电话确认一下。再见!

(2)车辆不能如期交付

您好赵先生,我是××××专卖店的销售顾问××,很抱歉地通知您,由于××××原因,您上周订的××车还没有到,预计还要××日能到,给您带来的不便我们深感抱歉。我们会密切跟踪车辆进度,一旦到店会第一时间通知您。

1)如果延期时间较短

我们会给您寄送一份产品使用的材料,您可以先看看,提前了解一下车辆的功能和使用,这样过几天车到了您就可以比较熟悉了。另外我们本周周末还有一个面向新车主的爱车讲堂活动,会详细地介绍产品的使用、保养等方法,方便的话也欢迎您抽空来参加。

2)如果延期时间较长

这次确实会让您等待较长时间,为了表示歉意,我也特地向公司申请了一点政策,您来提车的时候我们会送您一次免费的保养(一套脚垫……),仅表示歉意。

二、交车准备

交车是销售顾问阶段性工作的完成,也是客户新车旅途的开始。为顺利实现这个过渡,交车前须做好充分的准备,如交车场地、参与人员、相关资料等,如图7-2所示。

图7-2 交车区

1. 最终确认良好的车辆状态，准备好相关交车资料

最后一次确认车辆状态，尤其是四门拉手、座椅、灯光、手套箱等常见客户接触点的状态应良好；库存车确认蓄电池桩头已经做了紧固；轮胎气压正常；车内地板铺上保护纸垫；帮助客户调整好收音机的频道和时钟时间；加好 1/4 箱油，至少保证客户能行驶 100 km。确认车辆没有功能和外观质量瑕疵后，对即将交付的新车进行内外部清洗，包括轮胎也要清洗干净。

再次确认交车相关资料完整，包括车辆使用说明书、保修手册、三包凭证、车辆合格证、车辆一致性证书、VIN 码拓版等，这些交车资料整齐地放置在统一制作的交车资料袋中，以免遗失。

新车交车时一般要赠送客户一份礼品以示谢意，可以是鲜花，也可以是大礼包等，原则上每一辆新车交车时都应送给客户。这需要与专卖店负责人提前明确下来，交车前销售顾问通知到相关人员准备好即可。

交车日的车辆检查是避免车辆瑕疵的最后机会，一定要认真执行。另外，收音机、时钟、纸垫等人性化调整会让客户感到格外的关怀。

2. 做好交车区的布置和装饰，更新交车看板上的客户名称

专卖店要专门辟出一块区域用于交车，最好位于展厅内一角，便于车辆驶入，也便于现场布置。个人客户交车时，现场布置要注意灯光的颜色和亮度，背景音乐也要选择欢快的曲调。将清洗好的车辆开到交车区，在车辆引擎盖上扎上红花，左右倒车镜系上红绸带（如果大客户集中交车时，可以在户外举行，搭展台、背景板、彩虹门，并邀请演艺乐队活跃气氛）。

交车区立一块水牌，上面写上即将交车的客户姓名，交车区布置同时更新。这样客户提车时能看到自己的名字被热情地渲染，也会更加开心，如图 7-3 所示。

图 7-3 水牌

3. 通知相关人员做好准备，尤其是服务交接人员

三位一体交车中，服务人员的介入是非常重要的环节。原则上服务经理参加客户交车，也可以是前台主管或者给客户指定的服务顾问。销售顾问确认好交车时间后，一定要及时确认当日交

车能参与的服务人员。

4. 最终确认准确客户到店时间

在与客户预约时间的前 30 min，再次与客户确认准确的到店时间，确认客户已携带了相关材料。
标准话术如下：

您好赵先生，我是××××专卖店的销售顾问××，上次我们约好了今天××点在我们专卖店交车，您现在来的路上了吧？需要带的××等提车材料也都随身带了吧？

客户可以准点到：好的，您的车辆和其他相关资料我们已经准备好，就等您了！

客户表示要延期：没关系的，您看哪天方便我们再订一下时间，我们好提前把您的车辆和相关资料准备好。

最后确认是为了保证客户准点到店，相关的人员、交车区时刻待命。重点确认客户所需的资料都带齐了，其余的事情请客户放心。如果客户无法按时到达，则与客户约好下次时间。

看一看

如图 7-4 所示，销售部把工联单下到库管，库管接到工联单以后对号入座，把客户所购的新车提出来，然后交给售后服务部，由售后服务部拿去做检查。

在工联单里，应该包括客户的一些要求，如客户想要添加的配件等。售后服务部一看工联单，就知道哪些东西需要加装进去，从而一并办好。工联单里还有客户提车的具体时间，也就提示着售后服务部，应该在规定的时间内完成所有事情。

售后服务部完成了自己的工作之后，把车开到交接处，连同工联单的文件夹和车钥匙全部交给财务部，由财务部通知销售部是否可以交车，因为财务部知道客户的钱是否到账。若客户的车款到账了，财务部应马上通知销售部门。这时候，销售部门可以打电话通知客户过来提车了。

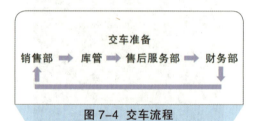

图 7-4 交车流程

任务二　交车流程

交车流程是一个激动人心的过程。不仅客户的快乐难以言喻，销售顾问也因交易的顺利实现而乐在其中。交车过程中，销售顾问按照标准的交车流程，为客户提供别具特色的服务，使客户感受到销售顾问及所有工作人员都在分享他的快乐。同时，销售顾问还可以通过热情、专业的职业形象，加深客户的印象，并以此为机会发掘更多的销售机会，拓展汽车的品牌形象。

一、交车前预约和接待

1. 交车前预约

交车前预约是交车前的重要环节。俗话说，有备无患。提前就交车事宜进行预约，有助于销售顾问和客户提前规划交车事项。即便发生意外事件，也能及时有效地采取措施，确保交车流程有条不紊地进行。

（1）预约客户

销售顾问在交车的前一天，应该电话联系客户，商量具体的交车时间，询问与客户的同行人员、交通工具以及客户有什么特别要求，并提醒客户携带好交车时必备的证件。若有延误以致影响预定的交车日期和时间，应对客户表示歉意，同时说明延误的原因并重新确定交车时间。

（2）预约相关工作人员

交车前，销售顾问要事先协调好售后服务部门及客服中心，确保相关工作人员在场。

2. 接待

安排好到店客户的接待，收集完善的客户档案，简要说明交车过程。
- 根据客户最后确认到店时间，最好在客户到店的第一时间出门迎接。
- 热情地邀请客户到洽谈区落座，递上茶水饮料。
- 如果客户非常急切地看自己的车，可以带客户参观一下，同时说明等下会详细地为客户介绍、检查确认，然后引导客户回到洽谈区。

- 补充完善客户信息卡，尽可能全面地收集客户信息，除电话、地址、身份证等基本信息外，包括客户行业、兴趣爱好、电子邮件、第二联系人等，都是后期开展针对性客户关怀的重要资料，如表7-2所示。

表7-2 客户信息卡

销售顾问：_____　　　　　　　　　　　　　　　　　客户信息编号：_____

潜在客户分级		保有客户分类						建卡日	年　　月　　日	
个人客户资料	车主姓名			性别	○男 ○女	生日	年　月　日	身份证件编号		
	服务单位/行业			职位		办公电话：		移动电话：		
	常驻地址					家庭电话：		E-mail：		
单位客户资料	公司名称					行业		电话	传真	
	公司地址					单位负责人		电话	手机	
	业务联系人			职位		购车决策者		电话	手机	
车辆资料	车型：		车身色：		付款方式		购买类型	客户来源	介绍人	
	车架号：		钥匙密码：				○新购 ○本品牌换购 ○他品牌换购 ○其他	○开拓 ○介绍 ○来店/电 ○展会 ○基盘 ○其他	电话	
	生产日期：		音响PIN		分期	到期日：			手机	
	交车日期：		其他			月付款：				
来店契机	○报纸 ○电视 ○互联网 ○广播 ○杂志 ○户外 ○朋友介绍 ○路过 ○其他						竞争品牌	①	②	③
相关信息	适合拜访的场所	○客户公司 ○住址 ○其他		关注车型		购车相关明细				
	适合拜访的时间	○周末 ○白天 ○工作日 ○晚上时分		购车预算		车辆信息		新车保险	续保	
	客户兴趣① ② ③			关注问题：		购买价格： 装饰价格： 上牌时间： 牌照号：		险种： 金额： 保险公司： 其他	第二年： 第三年： 第四年： 第五年：	
		姓名	称谓	生日	职业					
	家庭状况					其他共有车型	品牌	车型	销售店	购买日期	保险公司	车牌号	备注
	备注									

- 简要说明随后的交车环节。

标准话术如下。

您好赵先生！恭喜您今天过来提车。我们这边的相关材料都已经准备好了，您先在这边休息区稍候（端上茶水），我去帮您把相关的资料带过来，马上我们就来办理交车手续。

二、车辆与相关文件的交接

1. 交验车辆

我们常说"新娘是天下最美的女人",对于客户而言,刚刚提到的新车就如同"新娘",同样也是最完美、最光芒四射的。销售顾问每天都在和无数车辆打交道,也许会有些审美疲劳,但面对即将交车的新车车主,一定要和他们一样满怀欣喜,把新车最完美的状态和自己的喜悦都呈现给客户。交验车辆这个环节,销售顾问必须与客户共同确认交付的车辆没有质量瑕疵,并告知其基本的功能使用。

(1)销售顾问引导客户到交车区,陪同客户检测车辆,并做详细的绕车介绍

交验车辆主要确认即将交付的车辆外观无瑕疵,各常用功能件状态正常并介绍其使用用法。介绍过程中尤其注意对客户看中的产品特点再次给予赞美,让客户感到自己的眼光得到认可。整个过程按顺序依次介绍,基本流程如下:

- 确认外观钣金平整、漆面无瑕疵。
- 确认内饰件、顶棚、座椅等状态良好。
- 介绍点火开关、挡位、方向盘锁等。
- 介绍方向盘功能键、座椅功能、灯光、雨刮等操作。
- 介绍仪表板及指示灯、室内灯光。
- 介绍空调、导航、音响、时钟等控制面板。
- 介绍油箱盖、发动机舱盖的开关。
- 打开发动机舱,介绍机油、玻璃水、防冻液等油水的检查和添加。
- 打开后备厢,介绍随车工具,并示范使用。

介绍完毕,在新车交接单上签字确认。

标准话术如下。

您好赵先生!首先恭喜您今天可以提到新车。在此之前我们已经对您的爱车做了全面的 PDI 检查,现在我陪您一起再确认一下车辆的质量,顺便也跟您介绍一下车辆各项主要功能的使用。整个过程大概 20 min。您看我们现在去可以吗?

交验车辆中赞美客户的选择:"上次您一眼就看上这款车的流线型,真的很有眼光啊!这款车的车身曲线完美地符合了空气动力学的要求,风阻系数只有 0.3,是同类车型中最低的"。

(2)确认无质量瑕疵后,请客户在新车交接单上签字

按照新车交接单上的事项逐一向客户介绍和确认后,请客户在新车交接单上签字确认,说明客户对新车的外观认可。据统计,约有 20% 的客户投诉是购车不满三个月的新车客户投诉,而其中相当大的一部分就是刚提到车一周左右的客户对车辆面漆、随车工具的投诉。请客户仔细确认后签字也是避免后期新车投诉纠纷的重要依据。

课题七 交车服务与售后跟踪服务

2. 相关文件的交接

销售顾问向客户介绍并检查车辆，确认没有质量瑕疵，客户在新车交接单上签字后，即可办理交车相关手续。

- 销售顾问向客户简单介绍办理各种手续的环节和大概时间。
- 确认客户付款方式，并引导客户到财务付款。
- 将购车发票、保修手册、三包凭证、使用说明书、合格证等相关材料集中交付客户。

首先，向客户依次说明每份资料的作用是什么。然后，对于随车资料的重点部分，如保修期和首保提醒、车辆功能使用的重点提醒等，可以用书签或折页的形式特别标记并指给客户看。最后，所有这些资料一一清点后，装入一个统一的交车资料袋交付给客户。

标准话术如下。

您好赵先生！这是您新车的相关资料。这是合格证和购车发票，请您收好，马上办理保险、上牌等事项的时候都会用到。这本是保修手册，您的爱车每隔××××公里要做一次保养，每次保养需要检查或更换的项目这里都有详细的说明，还有各个零部件的保修期也有说明，售后服务的问题等下我们的服务人员还会给您详细介绍。这本是您的车辆使用说明书，刚才给您介绍车辆时提到的ABS、倒车雷达、自动泊车等功能，还有紧急情况下的救援工具和方法等在这里都有详细的说明。重点部分我们还放了书签，方便您查看。如您还有不明白的地方也欢迎随时问我，或者致电我们的服务热线。

这些资料都放在这个袋子里了，请您收好。

- 说明会有专人陪同客户办理购置税、上牌等项目。

首先与客户说明新车入户要办理的相关流程，提示保险是第一位的工作，并引导客户在专卖店购买保险。说明专卖店可以安排专人陪同客户办理后续上牌手续，并与客户约定时间。

对于每一位新车客户，原则上专卖店都要安排专门的人员陪同客户办理购置税、上牌等事项，客户拿到牌照（临时牌照）后可以正式上路。

三、售后服务的交接

服务交接是三位一体交车中最重要的一环，通过销售和服务的无缝衔接，可以让客户对后期服务感到放心，有任何服务问题能快速找到联系人，能知道如何处理。

- 销售顾问引导客户到洽谈区，介绍客户给售后服务人员。售后服务人员最好是服务经理，也可以是服务顾问。
- 服务人员介绍专卖店服务能力、车辆保修权利、使用保养常识、紧急救援、服务热线，以及其他增值服务。
- 递送售后服务的相关宣传材料，引导客户参观车间，建立客户对专卖店服务能力的信任。

标准话术如下（服务人员介绍）。

您好赵先生，我是本店的服务经理×××，首先祝贺您提到自己的爱车！这是我的名片，上面有我的电话和我们店的服务热线。以后您的车辆遇到任何问题，欢迎跟我们联系！

· 介绍服务站的服务能力，如面积、工位、人员、服务项目、服务流程等。

我们服务站建筑面积3 000 m²，有各种维修技术人员××人，能完成包括保养、项修、钣金等在内的全部车辆维护，是××汽车标准的服务站。主要岗位的技术人员都经过××公司培训和认证，能熟练地进行车辆的诊断和维修。除了维修保养外，我们还可以做车辆美容、汽车保险代理等。

・向客户介绍车辆的服务权利和重要注意事项，如保修权利、强制保养、易损件更换与保修、纯正备件等，并预约首保时间。

您的××轿车享受×年×万km的整车保修。保修期内出现的产品质量问题我们无条件担保修复。当然，有些本身就是易损消耗件，比如轮胎、刹车片等都还是要定期更换的，不可能用到整车保修期这么长。这些在您的保修手册中都有详细介绍。

另外，您的车辆在3个月或者到5 000 km的时候，请一定到专卖店来做保养。这次保养是免费的，而且也是强制的，是您后期整车保修的重要前提，所以一定要按时进场，并且别忘了带保修手册。强保以后请您每行驶5 000 km到我们这做一次例行保养。如果您当时正好在外地出差，也可以就近在当地的××汽车专卖店进行保养，我们是全国联保的。

还有一个提醒，您进店维修保养前最好提前几天与我们电话预约一下，以便我们准备好维修人员、备件等，保证您的车辆一到就能快速开展工作，节省您的时间。

・介绍新车使用的正确方法及操作方式等，如车辆关键部位的使用、节油技巧、安全驾驶技巧、日常基本检查维护等。

您的车辆只要每行驶5 000 km例行进场保养一次就一般不会有什么问题，平时开车的时候注意一下仪表台上有没有报警灯，比如发动机故障灯、机油报警灯、ABS灯亮的时候请及时与我们联系。还有轮胎气压如果太低，开车的时候感到颠簸的话一定要及时检查。

・介绍出现紧急情况的应急处理方法及寻求帮助的联络方式。

我们服务站有24 h服务电话，号码是×××××××，这个号码随时有人接听。万一您的车辆出现问题，比如抛锚了，请及时跟我们联系。

如果是新车客户，而且对售后服务比较关心，可以多介绍一些服务知识，也可以带客户到维修区参观。如果客户沉浸在交车的兴奋中很难听进去，服务人员则简单介绍后交换名片即可，更细致的服务介绍在随后的新车回访中进行，不要打扰客户提车的兴奋感。

四、交车仪式

为什么要有简短热烈的交车仪式？因为通过仪式可以向顾客传递这样的信息：我们是专业的、可以信赖的经销商，是能够为顾客提供优质售后服务的团队。通过恰当（个性化）的赠品赢得顾客关注是值得的。

交车仪式包括开场白、介绍、个性演讲、祝贺、赠送礼物、欢送流程。

1. 开场白、介绍内容

- 向顾客介绍服务顾问，由服务顾问介绍服务部的时间、预约流程，并递交名片。
- 向顾客及其家属赠送鲜花、小礼品，拍纪念照等，并鼓掌表示祝贺。
- 主动询问周围是否有潜在顾客。
- 陪同试车或提供送车服务（如顾客需要）。
- 请顾客填写"顾客满意度调查表"（客服部负责）。

2. 欢送前工作内容

- 确认顾客可接受的售后跟踪联系方式，说明跟踪目的。
- 感谢顾客选择产品，并恭喜顾客拥有了自己的新车。
- 提醒就近加油，并指明具体位置，提供出门证。
- 根据顾客去向，指导行驶路线。
- 送顾客到门口，目送顾客远去至看不见。

五、欢送客户

客户接待有始有终，交车完成后，要礼貌送别客户。预计客户到达后，再跟踪问候一下，给客户更温暖的感觉。

- 告知客户随后会有人员对其进行回访，让客户有心理准备。

标准话术如下。

您好赵先生！现在我们所有的手续都办完了，感谢您对我们的支持和配合。为了更好地为您服务，我们会在随后几天对您进行回访，了解您车辆使用的情况，如果您使用中遇到什么问题请及时反馈。时间不长，大概也 3 min，您对我们电话回访的时间段有特别要求吗？

- 车辆移至店门口，合影人员与客户道别并目送客户驾车离开，直至离开视野。
- 估计客户到达目的地后，电话跟踪，确认安全到达。

任务三　售后跟踪服务

汽车售后跟踪服务，是汽车销售最后一个流程，也是非常关键的流程。售后跟踪的目的，首先是让客户体验到一切为了用户、"顾客至上"的服务理念和品牌形象。其次，期望与客户保持长期的联系，使客户对销售顾问的服务满意，从而为公司赢得后市场服务的机会。再次，通过老客户的口碑宣传，带来更多的潜在客户，赢得更多的销售机会。最后，汽车售后跟踪可以确保车辆出现问题后，能够得到及时处理和解决，使顾客没有后顾之忧，信赖品牌、依赖品牌，最终赢得客户的忠诚。

一、客户关系的维系

1. 客户关系维系的内涵

（1）维系客户关系的含义

客户关系的维系，是指客户买车以后，在相当长的一段时间内不再联系销售顾问，但销售顾问应不停地跟客户保持联系，以维持客户忠诚和发掘客户价值。比如说天气预报今天有雨，销售顾问就给客户发短信，提醒客户开车路滑小心一点。若天气预报说冷空气马上要来了，销售顾问发短信提醒客户多穿一点衣服不要感冒，等等。这样的事情做多了、时间长了，客户也会习以为常，要是有一段时间没有收到短信，心里甚至会有些许空落。这样，客户的感情线就拉起来了，以后有什么情况，自然首先就想起你。

（2）维系客户关系的价值

汽车销售是否在交车流程完成以后就万事大吉了？其实不是。恰好相反，交车服务的结束，只是代表一个新的开始。一方面，客户购车之后的保养、维修支出以及二次购买的利益，都将给汽车专卖店带来可观的经济效益。另一方面，新客户也是一座桥梁，是招引更新客户的有效手段。因为开发一个客户很难，但通过客户介绍新客户就容易得多。这就是销售顾问各显神通，努力维系客户关系的原因所在。

2. 维系客户关系的形式

就像朋友之间的关系有深有浅一样，客户关系的维护也是由浅入深的层进过程。

第一层是最基本的交易关系，比如我们的新车价格低、配件和工时价格便宜、提供优惠保养套餐等，都是在价格上给客户以优惠，这是最常见也是最简单的关系维护方式。

第二层是情感关系，比如服务顾问拜访、节假日问候、爱车讲堂解决客户车辆使用的疑惑、客户咨询和投诉快速有效处理、提供个性化保养方案等，都是在情感上和客户拉近距离，让客户感受到专卖店的关注和体贴。这样客户可以接受一定的专卖店信任度溢价。但如果价格和其他竞争对手差距过大，客户就会离开。

第三层是社会联系，比如车友会组织的自驾游、公益活动、亲子联谊会，还有像其他行业的消费优惠卡等异业联盟。这样把客户车主融入社交和生活的圈子，可以有效地提高客户退出的壁垒，更好地维护客户的关系（如图7-5所示）。

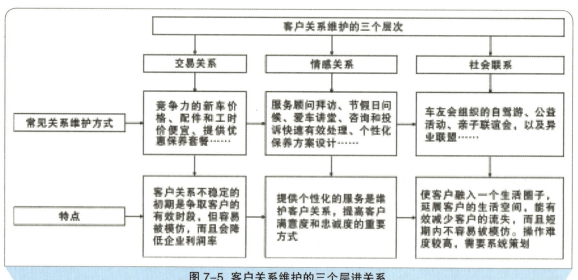

图7-5 客户关系维护的三个层进关系

3. 维系客户关系的方法

（1）感谢信

应该什么时间发出第一封感谢信，各个汽车公司、4S店的做法都不一样。一般来说，感谢信应该在24 h之内，最好是客户提车的当天。因为在同一个城市，客户开车还没到家呢，卡片就到家了，会让客户认为这家公司服务真不错、很及时。这样客户难免会向自己的朋友或同事进行推荐，从而起到最好的作用。

（2）回访电话

在什么时间向客户打出第一个回访电话？这很有讲究，通常应在 24 h 之内。因为客户提车以后，往往不看说明书，遇到不知道的功能总喜欢乱摸，这就容易出问题。若拨打回访电话的时间太迟，基本问题都全显现出来了，极易引发客户对车辆的不满。可是，若销售顾问能赶在 24 h 之内拨打客户的电话，也许正好是雪中送炭。客户可能会说："有一个间歇性的雨刮器，但我不知道该怎么使用"。这时销售顾问就可以通过电话告诉他，该如何如何操作。虽然这是一件小事，却能让客户感到这个公司不错，没把他忘记，也会对销售顾问产生好感。

第一个电话打完以后，还要不要打？其实还应继续拨打电话。第二次电话应在一个星期之内打，且最好是由销售主管或公司经理拨打。拨打这个电话的目的是询问客户的满意度，是否有什么不如意的地方，并切实表达对客户用车过程的关注。显然，接到这样的电话，客户心里一定非常高兴，感觉很受重视，对将来的售后服务也更有信心。当然，接下来还应有第三次、第四次电话回访甚至更多，做到对客户的关怀切实到位。

二、售后跟踪服务的内容和要求

售后跟踪服务，是汽车 4S 店销售服务中的重要组成部分。做好售后跟踪服务，不仅关系到企业的信誉，更关系到客户对企业的满意度。

1. 具体内容

①整理顾客资料、建立顾客档案

关于顾客送车进厂维修养护或来公司咨询、商洽有关汽车技术服务，在办完有关手续或商谈完后，业务部应于两日内将顾客有关情况整理、制表并建立档案，装入档案袋。顾客有关情况包括：顾客名称、地址、电话、送修或来访日期、送修车辆的车型、车号、车种、维修养护项目、保养周期、下一次保养期，顾客希望得到的服务，在本公司维修、保养记录（详见"顾客档案基本资料表"）。

②根据顾客档案资料，研究顾客的需求

业务人员根据顾客档案资料，研究顾客对汽车维修保养及其相关方面的服务的需求，找出"下一次"服务的内容，如通知顾客按期保养、通知顾客参与本公司联谊活动、告之本公司优惠活动、通知顾客按时进厂维修或免费检测等。

③与顾客进行电话、信函联系，开展跟踪服务

业务人员通过电话联系，让顾客得到以下服务：

● 询问顾客用车情况和对本公司服务有何意见。

● 询问顾客近期有无新的服务需求。

● 告之相关的汽车运用知识和注意事项。

● 介绍本公司近期为顾客提供的各种服务，特别是新的服务内容。

● 介绍本公司近期为顾客安排的各类优惠联谊活动，如免费检测周、优惠服务月、汽车运用新知识晚会等，内容、日期、地址要告知清楚。

● 咨询服务。

● 走访顾客。

2. 礼仪要求

售后服务工作由业务部主管指定专门业务人员——售后服务顾问负责完成。售后服务顾问在顾客车辆送修进场手续办完后，或顾客到公司访谈咨询业务完毕后，两日内建立相应的顾客档案。售后服务顾问在建立顾客档案的同时，研究顾客的潜在需求，设计拟定下一次服务的针对性通话内容、通信时间。

● 售后服务顾问在顾客接车出厂或业务访谈、咨询后 3 天至 1 周内，应主动电话联系顾客，进行售后第一次跟踪服务，并就顾客感兴趣的话题与之交流。电话交谈时，业务员要主动询问曾到本公司保养维修的顾客车辆运行情况，并征求顾客对本公司服务的意见，以体现公司对顾客的真诚关心与在服务上追求尽善尽美的态度。对顾客谈话的要点要做记录，特别是对顾客的要求、希望或投诉，一定要记录清楚，并及时予以处理。售后服务顾问能当面或当时答复的应尽量答复；不能当面或当时答复的，通话后要尽快加以研究，找出办法；仍不能解决的，要在 2 日内报告业务主管，请示解决办法，并在得到解决办法的当日告知顾客，一定要给顾客一个满意的答复。

● 在销售后第一次跟踪服务的 7 天以内，售后服务顾问应对顾客进行第二次跟踪服务的电话联系。电话内容仍要以顾客感兴趣的话题为准，内容避免重复，要有针对性，仍要体现本公司对顾客的真诚关心。

● 在公司决定开展顾客联谊活动、优惠服务活动、免费服务活动后，售后服务顾问应提前 2 周把通知以电话方式告知顾客，然后于 2 日内视情况需要把通知信函向顾客寄出。

● 每一次跟踪服务电话，包括顾客打入本公司的咨询电话或投诉电话，经办服务顾问都要做好电话记录，登记入表，并将电话记录存于档案、将电话登记表归档保存。

● 每次发出的跟踪服务信函，包括通知、邀请函、答复函都要登记入表，并归档保存。

 成功案例

乔·吉拉德凭借令人咋舌的业绩，连续 12 年荣登世界吉尼斯纪录大全世界销售冠军的宝座。他是怎么做的呢？

① 一照、二卡、三邀请

一照，就是他卖车给客户之后照相；二卡，就是给客户建立档案；三邀请，就是他一年要请这个客户到他们公司来三次，包括忘年会、汽车文化的一些活动、"自驾游"等。

② 四礼、五电、六拜访

四礼，就是一年当中有四次从礼貌的角度出发去拜访客户，包括生日、节假日等；五电，就是一年当中要给客户最少打五次电话，问客户车况如何，什么时间该回来做维修保养等，同时打电话问候客户；六拜访，就是一年当中基本上每两个月要去登门拜访一次，没事儿也没关系，就感谢他买了你的车，你路过这儿就来看看他。客户会感动，会说谢谢您。你就说，"您别谢，要想谢我，您就给我多介绍一些客户来，这是对我最大的感谢。"每两个月都要询问一下客户，有没有新客户来买车。这样你的客户就会增多。

通过以上这些方法，乔·吉拉德把与客户的友好关系推向了一个高潮，与客户建立起了长期的客户关系。在这种关系下，客户会帮乔·吉拉德介绍产品，帮他在自己的朋友圈子里做宣传。因为客户买了车回去以后很开心，所以会到处宣扬，自然能够触发他朋友圈子里的人。当有人买车的时候肯定会找该客户咨询，问他这个车在哪儿买的，买车时感受如何等。这时候该客户就会讲，"我在哪家买的，那个销售顾问不错，你要买车我带你去，价格能和我这个车一样，服务也很好。"就这样该客户又为乔·吉拉德带来了一个新客户。

三、未成交客户的跟踪服务

对于未成交的客户，销售顾问也不应该轻易放弃，而要采取主动出击的方式，如上门拜访、电话联系等方式，接近客户并进行深入的接触，以获得更广泛的客户资源，扩大汽车销量。

1. 上门拜访

上门拜访客户，尤其是第一次上门拜访客户，互相之间难免存在戒心，不容易放松心情。因此，销售顾问在拜访之前，就应做好充分的准备，设想各种情境下的应对方式。登门后，力求给客户留下良好的第一印象。

（1）准备工作

1）资料准备

"知己知彼百战不殆！"作为营销人员，不仅要获得潜在顾客的基本情况，例如对方的性格、教育背景、生活水准、兴趣爱好、社交范围、习惯嗜好以及和他要好的朋友的姓名等，还要了解对方目前得意或苦恼的事情，如乔迁新居、结婚、喜得贵子、子女考大学，或者工作紧张、经济紧张、充满压力、失眠、身体欠佳等。总之，了解得越多，就越容易确定一种最佳的方式与顾客谈话。同时，还要努力掌握活动资料、公司资料、同行业资料。

2）工具准备

"工欲善其事，必先利其器"。一位优秀的营销人员除了具备锲而不舍的精神外，一套完整的销售工具是绝对不可缺少的战斗武器。台湾企业界流传的一句话是"推销工具犹如侠士之剑"，凡是能促进销售的资料，营销人员都要带上。调查表明，营销人员在拜访顾客时，利用销售工具，可以降低50%的劳动成本，提高10%的成功率，提高100%的销售质量！销售工具包括产品说明书、企业宣传资料、名片、计算器、笔记本、钢笔、价格表、宣传品等。

3）信心准备

事实证明，营销人员的心理素质是决定销售成功与否的重要原因，不仅要突出自己最优越的个性，让自己人见人爱，还要保持积极乐观的心态。

4）微笑准备

希望别人怎样对待你，首先你就要怎样对待别人。许多人总是羡慕那些成功者，认为他们总是太幸运，而自己总是不幸。事实证明好运气是有的，而且好运气往往偏爱诚实且富有激情的人！

（2）拜访过程

1）确定进门

- 敲门礼仪：进门前先按门铃或敲门，然后站立门口等候（见图7-6）。敲门以三下为宜，声音有节奏但不要过重。
- 话术："××先生／女士在家吗？""我是××汽车销售公司的小×。"主动、热情、亲切的话语是顺利打开顾客家门的金钥匙。
- 态度：进门之前一定要显示自己态度诚实大方，同时避免傲慢、慌乱、卑屈、冷漠、随便等不良态度。
- 注意：严谨的生活作风能代表公司与个人的整体形象，千万不要让换鞋、雨伞等小细节影响大事情。

2）赞美

拜访过程中会遇到各类顾客群，每一个顾客的认知观和受教育程度是不同的，但有一件事要强调：没有不接受产品和服务的顾客，只有不接受推销产品和服务的营销人员的顾客。顾客都是有需求的，只有选择哪一种品牌的产品和服务的区别而已！人人都喜欢被赞美，这就是常说的"标签效应"。善用赞美是最好的销售武器。

赞美是一个非常好的沟通方式，但不要夸张的赞美，夸张的赞美只能给人留下不好的印象。如"叔叔您真帅，就像周杰伦一样""您家真干净""您今天气色真好"……可以从房间的干净布置、顾客的气色气质、穿着等方面赞美。

2. 电话沟通

随着现代通信科技的发展，运用电话进行交流，是高效、经济、简便的沟通方式，自然也成为销售顾问开发客户资源的有效方法。

（1）准备工作

1）心理准备

在你拨打每一通电话之前，都必须有这样一种认识，那就是你所拨打的这通电话很可能就是你这一生的转折点或者是你的现状的转折点。有了这种想法之后你才可能对你所拨打的每一通电话有一个认真、负责和坚持的态度，才能使你有一种必定成功的积极动力。

2）电话内容准备

在拨打电话之前，要先把你所要表达的内容准备好，最好是先列出几条，以免对方接电话后，自己由于紧张或者兴奋忘了自己的讲话内容。另外，和电话另一端的对方沟通时要表达清楚每一句话的意思，该说什么、如何说都应该有所准备，提前演练到最佳。

（2）电话礼仪

1）通话时礼仪

电话接通后，业务人员要先问好，并自报家门，确认对方的身份后，再谈正事。例如："您好，我是××公司，请问××老板（经理）在吗？××老板（经理），您好，我是××公司的×××，关于……"

讲话时要简洁明了，由于电话具有收费、容易占线等特性，因此无论是打出电话或是接听电话，交谈都要长话短说，简而言之，除了必要的寒暄和客套之外，一定要少说与业务无关的话题，杜绝电话长时间占线。

电话沟通时注意以下事项：
- 注意语气变化，态度真诚。
- 言语要富有条理性，不可语无伦次前后反复，让对方产生反感或啰唆之感。

2）挂断前的礼仪

挂断电话之前，业务人员一定要记住向顾客致谢："感谢您用这么长时间听我介绍，希望能给您带来帮助，谢谢，再见。"另外，一定要顾客先挂断电话，以示对顾客的尊重。

3）挂断后的礼仪

挂断顾客的电话后，有许多业务人员会立即从嘴里跳出几个对顾客不雅的词汇来放松自己的压力，其实，这是最要不得的一个坏习惯。作为一名专业的电话营销人员，这是绝对不允许的。

课题七 交车服务与售后跟踪服务

思考与练习

简答题：

1. 新车 PDI 检查要注意哪些事项？

2. 交车后应交付给客户的文件有哪些？

3. 维系客户关系的方法有哪些？

4. 乔·吉拉德的一照、二卡、三邀请是什么意思？

课题八

汽车销售增值服务

[知识目标]

1. 了解汽车保险及贷款的基本概念。
2. 了解汽车投保的流程及理赔流程。
3. 熟悉汽车保险类型及相关内容。
4. 熟悉汽车贷款的手续与计算方法。
5. 了解汽车购买代理服务相关内容。

[能力目标]

1. 能够帮助客户完成汽车保险业务。
2. 能够帮助客户完成汽车贷款业务。
3. 能够帮助客户完成汽车购买相关代理服务。

任务一　汽车保险

汽车保险（以下简称"车险"），即机动车车辆保险，是指对机动车车辆由于自然灾害或意外事故所造成的人身伤亡或财产损失承担赔偿责任的一种商业保险。在汽车保险的初期，"车险"是以汽车的第三者责任险为主险的，然后逐步扩展到车身碰撞损失等车险种类。

买汽车就得买保险，这是常识。不但国家法律强制规定了必须购买交强险（即机动车交通事故责任强制险），而且车辆所有人或管理人出于风险的考虑，也大多购买了数量不一的商业保险。保险的目的就是保障风险，用最少的支出获得最大的风险保障。同理，汽车保险根据客户所选择投保的险种，提供不同方面的保障，降低或减少保险人的经济负担。那么，汽车保险有哪些种类？具体的保险费用如何计算？这也是每个销售顾问应该熟悉的内容。

一、汽车保险概述

汽车保险产生于19世纪末。世界上最早签发的机动车车辆保险单，是1895年由英国"法律意外保险公司"签发的保险费为10英镑的汽车第三者责任保险单。但汽车火险可以在增加保险费的条件下加保。汽车保险是财产保险的一种，伴随着汽车的出现和普及而不断发展成熟。在中国，随着汽车保有量的不断增加，汽车保险已成为中国财产保险业务中最大的险种。

1. 汽车保险的定义和对象

汽车保险是以汽车本身以及汽车的第三者责任为保险标的的一种商业保险，承担着汽车由于自然灾害或意外事故所造成的人身伤亡或财产损失的赔偿责任。

通常，汽车保险所承保的机动车辆是指汽车、电车、电瓶车、摩托车、拖拉机、各种专用机械车和特种车。

汽车保险的赔偿方式，一般为修复。但如果车辆重置价格比修理费用便宜的话，保险公司很可能宣称这辆车全损。一般来说，机动车辆保险的保险金额是新车的购买价格或者是车辆投保当时的价值，但是使用中车辆有折旧，另外保险公司会设置绝对免赔额，所以出险全损的情况下，赔款肯定会低于保险金额。这种保险的保险期间一般为一年或者一年以下，如果保险期间没有发生理赔，则续保时可以享受无赔款优待费率。

2. 汽车保险的特点

（1）分散风险

汽车保险既然属于保险的一种，其基本职能也是组织经济补偿和实现保险金的给付。通过汽车保险，将拥有汽车的企业、家庭和个人所面临的种种风险及其损失后果，在全社会范围内分散与转嫁，实现"集合危险，分散损失"的目的。

（2）出险率高

汽车属于交通工具，常态即是不停运动。而受驾驶人技术、交通环境等因素的影响，汽车很容易出现碰撞，造成人身财产损失。

（3）业务多，投保率高

因为汽车的出险率高，所以汽车所有人以及交通管理部门都希望通过保险转嫁风险，客观上使汽车保险业务增多，投保率高。

（4）险种复杂，专业性强，易产生误解

汽车保险的品类繁多，按强制与否可分为强制险和商业险两种。商业险又可分为基本险和附加险。其中，强制险必须购买，附加险则不能独立投保。许多险种不能通过简单的字面意思进行理解，且有些保险工作人员在介绍保险时存在误导的情况，导致消费者不能较好地理解各个险种的条款，容易造成误解，产生纠纷。

（5）不确定性

汽车具有流动性大、行程不固定的特点。发不发生事故？在哪里发生？事故严重不严重？对保险人来说，都难以预测，无疑增加了保险损失的不确定性。

（6）无赔款优待

无赔款优待是汽车保险特有的制度，其核心是在风险不均匀分布的情况下，使保险费直接与实际损失相联系。为了鼓励被保险人及驾驶人遵守交通规则安全行车，各国的汽车保险业务均采用了"无赔款优待"制度。

（7）维护公众利益

汽车运行具有不确定性和破坏性，个人应对这种风险过于脆弱。汽车保险可以将风险向全社会分散和转移，确保交通事故中受害的一方能够得到有效的经济补偿，维护社会稳定。如汽车第三者责任险，绝大多数国家都强制实施。之所以如此，其出发点就是为了维护公众利益。

3. 汽车投保流程

汽车投保是指保险人在投保人提出投保请求时，经审核其投保内容符合承保条件，同意接受其投保申请，并按照有关保险条款承担保险责任的过程。

汽车投保需要遵循一定的流程，通常运作的基本流程为：投保申请→个人投保或单位投保→车辆检验→风险评估→制订保险方案→填投保单→标准业务→三级核保。

汽车投保具体流程如图8-1所示。

4. 汽车保险理赔流程

汽车保险理赔是指保险车辆发生事故后，保险公司依据保险合同及交通事故处理等有关规定，确定保险责任、核定损失、履行赔付义务的工作过程。

汽车保险理赔工作包含受理案件、现场查勘、损失确定、赔款理算、核赔、赔付结案等多个环节，具体流程如图8-2所示。

5. 汽车保险免赔

并不是所有的意外事故，保险公司都给予赔偿。有些情形，保险是免于赔偿的。对于中国汽车保险赔偿处理而言，采用的免赔方式是绝对免赔方式。

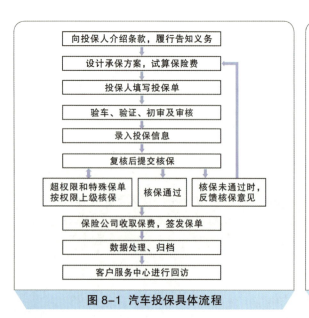

图8-1 汽车投保具体流程

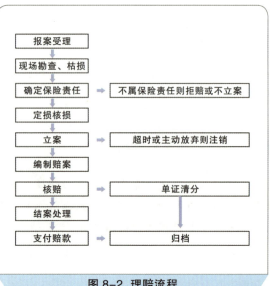

图8-2 理赔流程

（1）无牌照不赔

车辆在出险时，保险车辆理赔必须具备两个条件：一是保险车辆须有公安交通管理部门核发的行驶证或号牌；二是在规定期间内经公安交通管理部门检验合格。

（2）拖带没保险的车出事故的不赔

如果因为驾驶人开车拖带一辆没有投保第三者责任险的车辆上路，而与其他车辆相撞并负全责的，保险公司不会对此做任何赔偿。

（3）私自加装的设备不赔

不少车主会在购车后自己加装音响、冰箱、尾翼或者行李架等设备，一旦发生事故造成私自加装设备受到损失的，保险公司不予赔偿。除非车主已为加装的设备，单独投保。

（4）车灯或后视镜等单独破损的不赔

在汽车理赔案例中，某些修理厂常常用换下来的破损车灯或后视镜装到车型相同的其他车辆上，骗取赔款。制定该条免责条款，就是为了对付某些修理厂的骗保行为。此外，如果车辆只是零部件如轮胎、音响设备等被盗走，保险公司也不赔偿。

（5）被车上物品撞坏不赔

若车辆被车内或车顶装载的物品撞击而造成损失，以及人员伤害，免责条款依然适用。

（6）没经过定损，直接修理的不赔

车辆在外地出险时，需要先定损再修车。否则，保险公司可以用无法确定损失金额的情由，拒绝赔偿。

（7）车辆修理期间造成的损失不赔

如果车辆在送修期间发生了任何碰撞、被盗等，则保险公司不予拒赔，因为修理厂有责任妥善保管好维修车辆。

二、汽车保险的种类

汽车保险可以分为交强险和商业险两大类。

1. 交强险

机动车交通事故责任强制保险，简称交强险。是指由保险公司对保险机动车发生道路交通事故造成本车人员、被保险人以外的受害人的人生伤亡、财产损失，在责任限额内予以赔偿的强制性责任保险。

机动车交强险条款（2020版）如下：

交强险合同中的被保险人是指投保人及其允许的合法驾驶人。

投保人是指与保险人订立交强险合同，并按照合同负有支付保险费义务的机动车的所有人、管理人。

交强险合同中的受害人是指因被保险机动车发生交通事故遭受人身伤亡或者财产损失的人，但不包括被保险机动车本车车上人员、被保险人。

在中华人民共和国境内（不含港、澳、台地区），被保险人在使用被保险机动车过程中发生交通事故，致使受害人遭受人身伤亡或者财产损失，依法应当由被保险人承担的损害赔偿责任，保险人按照交强险合同的约定对每次事故在下列赔偿限额内负责赔偿：

- 死亡伤残赔偿限额为180 000元；
- 医疗费用赔偿限额为18 000元；
- 财产损失赔偿限额为2 000元；
- 被保险人无责任时，无责任死亡伤残赔偿限额为18 000元；无责任医疗费用赔偿限额为1 800元；无责任财产损失赔偿限额为100元。

死亡伤残赔偿限额和无责任死亡伤残赔偿限额项下负责赔偿丧葬费、死亡补偿费、受害人亲属办理丧葬事宜支出的交通费用、残疾赔偿金、残疾辅助器具费、护理费、康复费、交通费、被扶养人生活费、住宿费、误工费，被保险人依照法院判决或者调解承担的精神损害抚慰金。

医疗费用赔偿限额和无责任医疗费用赔偿限额项下负责赔偿医药费、诊疗费、住院费、住院伙食补助费，必要的、合理的后续治疗费、整容费、营养费。

2. 商业险

机动车商业保险条款（2020版）如下：

主险包括机动车损失保险、机动车第三者责任保险、机动车车上人员责任保险共三个独立的险种，投保人可以选择投保全部险种，也可以选择投保其中部分险种。

附加险不能独立投保。附加险条款与主险条款相抵触的，以附加险条款为准，附加险条款未尽之处，以主险条款为准。

（1）机动车损失保险

机动车损失保险保险责任如下：

第六条：保险期间内，被保险人或被保险机动车驾驶人（以下简称"驾驶人"）在使用被保险机动车过程中，因自然灾害、意外事故造成被保险机动车直接损失，且不属于免除保险人责任的范围，保险人依照保险合同的约定负责赔偿。

第七条：保险期间内，被保险机动车被盗窃、抢劫、抢夺，经出险地县级以上公安刑侦部门立案证明，满60天未查明下落的全车损失，以及因被盗窃、抢劫、抢夺受到损坏造成的直接损失，且不属于免除保险人责任的范围，保险人依照本保险合同的约定负责赔偿。

第八条：发生保险事故时，被保险人或驾驶人为防止或者减少被保险机动车的损失所支付的必要的、合理的施救费用，由保险人承担；施救费用数额在被保险机动车损失赔偿金额以外另行计算，最高不超过保险金额。

（2）机动车第三者责任保险

机动车第三者责任保险保险责任如下：

第二十条：保险期间内，被保险人或其允许的驾驶人在使用被保险机动车过程中发生意外事故，致使第三者遭受人身伤亡或财产直接损毁，依法应当对第三者承担的损害赔偿责任，且不属于免除保险人责任的范围，保险人依照本保险合同的约定，对于超过机动车交通事故责任强制保险各分项赔偿限额的部分负责赔偿。

第二十一条：保险人依据被保险机动车一方在事故中所负的事故责任比例，承担相应的赔偿责任。

被保险人或被保险机动车一方根据有关法律法规选择自行协商或由公安机关交通管理部门处理事故，但未确定事故责任比例的，按照下列规定确定事故责任比例：

被保险机动车一方负主要事故责任的，事故责任比例为70%；

被保险机动车一方负同等事故责任的，事故责任比例为50%；

被保险机动车一方负次要事故责任的，事故责任比例为30%。

涉及司法或仲裁程序的，以法院或仲裁机构最终生效的法律文书为准。

（3）机动车车上人员责任保险

机动车车上人员责任保险保险责任如下：

第三十一条：保险期间内，被保险人或其允许的驾驶人在使用被保险机动车过程中发生意外事故，致使车上人员遭受人身伤亡，且不属于免除保险人责任的范围，依法应当对车上人员承担的损害赔偿责任，保险人依照本保险合同的约定负责赔偿。

第三十二条：保险人依据被保险机动车一方在事故中所负的事故责任比例，承担相应的赔偿责任。

被保险人或被保险机动车一方根据有关法律法规选择自行协商或由公安机关交通管理部门处理事故，但未确定事故责任比例的，按照下列规定确定事故责任比例：

被保险机动车一方负主要事故责任的，事故责任比例为70%；
被保险机动车一方负同等事故责任的，事故责任比例为50%；
被保险机动车一方负次要事故责任的，事故责任比例为30%。
涉及司法或仲裁程序的，以法院或仲裁机构最终生效的法律文书为准。

（4）附加险

附加险条款的法律效力优于主险条款。附加险条款未尽事宜，以主险条款为准。除附加险条款另有约定外，主险中的责任免除、双方义务同样适用于附加险。主险保险责任终止的，其相应的附加险保险责任同时终止。

1）附加绝对免赔率特约条款

绝对免赔率为5%、10%、15%、20%，由投保人和保险人在投保时协商确定，具体以保险单载明为准。被保险机动车发生主险约定的保险事故，保险人按照主险的约定计算赔款后，扣减本特约条款约定的免赔。即：

主险实际赔款＝按主险约定计算的赔款×（1－绝对免赔率）

2）附加车轮单独损失险

保险期间内，被保险人或被保险机动车驾驶人在使用被保险机动车过程中，因自然灾害、意外事故，导致被保险机动车未发生其他部位的损失，仅有车轮（含轮胎、轮毂、轮毂罩）单独的直接损失，且不属于免除保险人责任的范围，保险人依照本附加险合同的约定负责赔偿。

3）附加新增加设备损失险

保险期间内，投保了本附加险的被保险机动车因发生机动车损失保险责任范围内的事故，造成车上新增加设备的直接损毁，保险人在保险单载明的本附加险的保险金额内，按照实际损失计算赔偿。

4）附加车身划痕损失险

保险期间内，被保险机动车在被保险人或被保险机动车驾驶人使用过程中，发生无明显碰撞痕迹的车身划痕损失，保险人按照保险合同约定负责赔偿。保险金额为2 000元、5 000元、10 000元或20 000元，由投保人和保险人在投保时协商确定。

5）附加修理期间费用补偿险

保险期间内，投保了本条款的机动车在使用过程中，发生机动车损失保险责任范围内的事故，造成车身损毁，致使被保险机动车停驶，保险人按保险合同约定，在保险金额内向被保险人补偿修理期间费用，作为代步车费用或弥补停驶损失。

6）附加发动机进水损坏除外特约条款

保险期间内，投保了本附加险的被保险机动车在使用过程中，因发动机进水后导致的发动机的直接损毁，保险人不负责赔偿。

7）附加车上货物责任险

保险期间内，发生意外事故致使被保险机动车所载货物遭受直接损毁，依法应由被保险人承担的损害赔偿责任，保险人负责赔偿。

8）附加精神损害抚慰金责任险

在投保人仅投保机动车第三者责任保险的基础上附加本附加险时，保险人只负责赔偿第三者的精神损害抚慰金；在投保人仅投保机动车车上人员责任保险的基础上附加本附加险时，保险人只负责赔偿车上人员的精神损害抚慰金。

9）附加法定节假日限额翻倍险

保险期间内，被保险人或其允许的驾驶人在法定节假日期间使用被保险机动车发生机动车第三者责任保险范围内的事故，并经公安部门或保险人查勘确认的，被保险机动车第三者责任保险所适用的责任限额在保险单载明的基础上增加一倍。

10）附加医保外医疗费用责任险

保险期间内，被保险人或其允许的驾驶人在使用被保险机动车的过程中，发生主险保险事故，对于被保险人依照中华人民共和国法律（不含港、澳、台地区法律）应对第三者或车上人员承担的医疗费用，保险人对超出《道路交通事故受伤人员临床诊疗指南》和国家基本医疗保险同类医疗费用标准的部分负责赔偿。

11）附加机动车增值服务特约条款

本特约条款包括道路救援服务特约条款、车辆安全检测特约条款、代为驾驶服务特约条款、代为送检服务特约条款共四个独立的特约条款，投保人可以选择投保全部特约条款，也可以选择投保其中部分特约条款。保险人依照保险合同的约定，按照承保特约条款分别提供增值服务。

任务二 汽车贷款

随着社会经济的发展，人们的消费理念发生了巨大变化。购买汽车的方式也出现了新的变化，如汽车贷款。

汽车贷款是银行与汽车销售商向申请购买汽车的借款人发放的担保贷款，主要用于提供购车者一次性支付车款所需的资金，并联合保险、公证机构为购车者提供保险和公证。通过汽车贷款买车，对于消费者而言，可以提早享受有车的乐趣或提前享受更高档的车型。对企业来说，汽车贷款降低了现金的开支。因此，汽车贷款的方式，已经被越来越多的消费者接受。

一、汽车贷款概述

汽车贷款，也叫汽车按揭，是贷款人向申请购买汽车的借款人发放的用于购买汽车或支付其他费用的贷款。

1. 基本概念

（1）贷款对象

借款人必须是贷款行所在地常住户口居民、具有完全民事行为能力。

（2）贷款条件

借款人具有稳定的职业和偿还贷款本息的能力，信用良好，且能够提供可认可资产作为抵质押，或有足够代偿能力的第三人作为偿还贷款本息并承担连带责任的保证人。

（3）贷款额度

贷款金额最高一般不超过所购汽车售价的80%。

（4）贷款期限

汽车消费贷款期限一般为1~3年，最长不超过5年。

(5) 贷款利率

贷款利率由中国人民银行统一规定。

(6) 还贷方式

还贷方式可选择一次性还本付息法和分期归还法（等额本息、等额本金）。

(7) 汽车金融或担保公司

汽车金融或担保公司是指有足够代偿能力的第三人作为偿还贷款本息并承担连带责任的保证人。

2. 汽车贷款条件

(1) 满足贷款购车的消费者

1) 个人

- 是中华人民共和国公民，或在中华人民共和国境内连续居住一年（含一年）以上的港、澳、台居民及外国人；
- 具有有效身份证明、固定和详细住址且具有完全民事行为能力；
- 具有稳定的合法收入或足够偿还贷款本息的个人合法资产；
- 个人信用良好；
- 能够支付规定的首期付款；
- 贷款人要求的其他条件。

2) 企、事业单位

- 具有偿还贷款的能力。
- 在贷款人指定的银行存有不低于规定数额的首期购车款。
- 有贷款人认可的担保。
- 贷款人规定的其他条件。

(2) 可以承办汽车贷款业务的机构

- 经批准的商业银行（中国工商银行、中国农业银行、中国银行、中国建设银行、交通银行、招商银行等）。
- 汽车金融公司（是经中国银行业监督管理委员会依据有关法律、行政法规和《汽车金融公司管理办法》规定批准设立的,为中国境内的汽车购买者及销售者提供贷款的非银行金融企业法人)。

(3)消费贷款可购买的车辆类型

- 各类进口、国产小轿车、越野车。
- 各类进口、国产的工程车辆(工程机械)。

二、汽车贷款的手续

1.办理渠道

汽车消费信贷的渠道很多,主要有银行贷款、信用卡分期、汽车金融公司和小额贷款公司等,如图8-3所示。

图8-3 汽车消费贷款

(1)银行贷款

银行贷款具有贷款利率适中,且可选车种类多的特点。但实际在办贷款过程中比较花费时间和精力,因为银行为控制风险,通常审核时间较长,且需要申请者提交的资料很多。如果你想要申请又不怕麻烦,银行贷款是不错的选择。

(2)信用卡分期

众所周知,信用卡分期是没有利息费的,这也是通过信用卡分期买车的最大好处。同时,信用卡分期方便快捷,一个电话也可办理。当遇到银行和汽车经销公司合作时,还能享受一定折扣。不过需要注意的是,信用卡分期虽然没有利息费,却有手续费,分期时间越高手续费率越高,通常分期超过一年的手续费率就会与银行同期消费贷款利率持平或略高。

(3)汽车金融公司

通过汽车金融公司贷款买车,除了方便快捷以外,申请门槛也不高,只要消费者具有一定的还款能力并且支付了贷款首付,就能够申请到贷款。但消费者需要注意,汽车金融公司贷款买车的贷款成本比较高,除了需要支付贷款利息费用外,还有手续费用等一系列的费用产生。

(4)小额贷款公司

通过小贷公司贷款买车,门槛不高,车型选择不受限制,但费率相对银行高一些。贷款方式和还款方式较灵活,审批相对银行来说稍快。

汽车信贷类型对比,如表8-5所示。

表8-5 汽车信贷类型对比

项目	信用卡分期购车	汽车企业金融公司	银行个人购车贷款
范围	部分信用卡支持:招商银行、民生银行、中国建设银行	丰田、福特、大众、通用、斯柯达、奔驰、标志、雪铁龙等	几乎所有商业银行
汽车企业	银行与车业合作,相对比较少合作时间不固定	同上 长期合作	所有汽车企业
利息	一般都没有利息,只收取占分期金额3.5%~10.0%的手续费,个别车型也有可能免利息、免手续费	利息(上浮20%或下浮10%)或手续费,部分产品免息	中央银行规定的基准利率
其他费用	无	无	担保费、家访费、律师费、验资费、押金
首付比例	大于30%	最低20%	首付30%~50%
贷款条件	只要持卡人信用良好,有稳定收入即可,一般没有户籍和财产方面的限制	收入稳定,信用良好	本地户籍,财产和第三方担保
贷款审批速度	最快几小时	2天左右	7个工作日
限期	12~24个月	1~5年	贷款期限3年
必须投保	盗抢险(车价全额投保)、第三者责任险(不低于20万元)、车损险	盗抢险、第三者责任险、车损险、不计免赔险	盗抢险、第三者责任险、车损险、无免赔、信用保险或保证险
流程	4S店内选车,申请分期,提车	4S店内选车,申请融资,审批,提车	经销店选车,申请贷款,银行调查审批,提车

2. 提供资料

申请汽车贷款,除了需要满足必要的申请条件,如年满18周岁,有稳定的经济收入等外,还需要提供必要的资料,如:

- 个人借款申请书。
- 本人及配偶有效身份证明。
- 本人及配偶职业、职务及收入证明。
- 结婚证(未婚需提供未婚证明,未达到法定结婚年龄的除外)及户口簿。
- 身份证、户口簿或其他有效居留证件原件,并提供其复印件。
- 与经销商签订的购车协议、合同或者购车意向书。
- 已存入或已付首期款证明。
- 担保所需的证明文件或材料。
- 合作机构要求提供的其他文件资料。

3. 汽车贷款的具体流程

办理汽车消费信贷的程序大致如下:

- 到经销商处选定拟购汽车,与经销商签订购车合同或协议。
- 到银行指定营业部提出贷款申请,必须携带的资料如下:

·个人:贷款申请书、有效身份证件、职业和收入证明以及家庭基本情况、购车协议或合同、担保所需的证明或文件、贷款人规定的其他条件。

·法人代表证:法定代表人证明文件、人民银行颁发的"贷款证"、经会计审计的损益表和现金流量表、抵物清单、质物清单和有处分权同意抵物押、质押的证明。抵押物还须提交所有权或使用权证书、估价、保险文件,质物还须提供权利证明文件,保证人同意保证的文件及贷款人规定的其他条件。

- 银行在受理借款申请后有权对借款人和保证人的资信情况进行调查,对符合贷款条件的,及时通知借款人办理贷款担保手续,签订"汽车消费借款合同"。
- 借款人在银行指定的保险公司预办抵押物保险,并在保单中明确第一受益人为贷款行,保险期限不得短于贷款期限。
- 银行向经销商出具"汽车消费贷款通知书",借款人同时将购车首期款支付给经销商。
- 经销商协助借款人到相关部门办理缴费及领取牌照等手续。

汽车贷款的具体流程,如表8-6所示。

表8-6 汽车贷款的办理流程

步骤	流程	主办	内容
1	客户接待	销售部,经销商	负责来电、来店客户接待,信贷业务简单介绍
2	客户咨询	信贷业务部	根据业务操作标准、细则判定首付及期限,消费购车费用,提供资料
3	客户决定购买	销售部	确定车型、车价、车色及配备
4	征信	档案管理部	对客户所提供资料,档案员传真至银行进行资信审核及公安征信
5	签定销售协议	信贷业务部	经客户确认车型、车价、费用,签定销售协议
6	办理按揭手续,签定借款合同	信贷业务部	①填写贷款资格审查表;②签订银行借款担保合同;③公证申请书
7	代办保险	信贷业务部	签订车险投保单,交由内勤人员,请保险公司出具保单
8	交首付款及费用	财务部	根据销售协议收取首付款及相关费用
9	通知上牌	售后服务部	根据客户要求代办上牌,凭发票、合格证原件、客户身份原件上牌
10	终审	信贷审核部	①审核客户资料;②审核合同签字;③审核合同内容;④审核通过后签字
11	所有资料报送银行	信贷审核部	经审查确认后所有资料送往银行
12	手续齐全,客户提车	销售部,信贷业务部	①信贷部确认手续并签字;②销售部协助客户办理提车手续等
13	办理抵押登记	信贷管理部	根据机动车登记证书原件和借款抵押合同到车管所办理抵押登记
14	客户资料归档	信贷档案部	整理客户资料、发票等
15	通知客户领取公证书、存折等	信贷业务部	通知客户领取公证书、存折(卡)等
16	还款日提醒及回访	信贷业务部	客户首期还款日前5~10天通知其按时还款,上门回访

三、汽车贷款的计算

有关汽车贷款的计算其实很简单，基本只要知道相关利率就可以轻松地计算出来。

1. 步骤与方法

以初期贷款金额为基数，按签约时银行同期贷款利率计算，在还款期间如银行利率有变化，则随利率调整，一般一年一定。

消费信贷采用每月等额还本付息的办法，计算公式为：

$$每月还本付息额 = （1 + 月利率）× 还款总期数 - 1$$

2. 注意事项

● 若以质押方式担保或银行、保险公司提供连带责任保证，则贷款最高额可达到购车款的80%。

● 若以所购车辆或其他财产抵押担保，则贷款最高额可达到购车款的70%。

● 若以第三方（除银行、保险公司外）保证方式担保，则贷款最高额可达到购车款的60%。

任务三 汽车购买手续的代理服务

汽车销售顾问除了销售车辆外，还可以为客户提供代交保险、代上牌照、缴纳车辆购置税等代理服务。方便客户就是方便自己，为客户提供代理服务，并收取一定的费用，不仅省了客户不少麻烦、提高了服务质量，而且能够进一步扩展业务、为企业创造利润。

一、车辆购置税的缴纳

车辆购置税，是对在我国境内购置规定车辆的单位或个人征收的一种税。车辆购置税的纳税人为购置（包括购买、进口、自产、受赠、获奖或以其他方式取得并自用）应税车辆的单位和个人；征税范围为汽车、摩托车、电车、挂车、农用运输车等。

购置应税车辆，应当向车辆登记注册地的主管国税机关申报纳税。购置不需要办理车辆登记注册手续的应税车辆，应当向纳税人所在地的主管国税机关申报纳税。

1. 车辆购置税的特点

车辆购置税除了具有税收的一般特点外，还有其自身独立的特点，具体如下。

（1）征收范围单一

作为财产税的车辆购置税，以购置的特定车辆为课税对象，而不是对所有的财产或消费财产征税，范围窄，是一种特种财产税。

（2）征收环节单一

车辆购置税实行一次课征制，不是在生产、经营和消费的每一环节都征收，而只是在退出流通进入消费领域的特定环节征收。

（3）税率单一

车辆购置税只确定一个统一比例税率征收。税率具有不随课税对象数额变动的特点，计征简便、负担稳定，有利于依法治税。

（4）征收方法单一

车辆购置税根据纳税人购置应税车辆的计税价格实行从价计征，以价格为计税标准，课税与价值直接发生关系，价值高者多征税，价值低者少征税。

（5）征税具有特定目的

车辆购置税具有专门用途，由中央财政根据国家交通建设投资计划，统筹安排。这种特定目的的税收，可以保证国家财政支出的需要，既有利于统筹合理地安排资金，又有利于保证特定事业和建设支出的需要。

（6）价外征收，税负不发生转嫁

车辆购置税的计税依据中不包含车辆购置税税额，车辆购置税税额是附加在价格之外的，且纳税人为负税人，税负不发生转嫁。

2. 车辆购置税的征收对象

车辆购置税的征税对象包括汽车、摩托车、电车、挂车以及农用运输车等。车辆购置税的征收对象由国务院决定，其他任何部门、单位和个人无权擅自扩大或缩小车辆购置税的征税范围。

（1）汽车

车辆购置税的征收对象包括各类汽车。不论是小型家用汽车，还是大型客车、货车等都是征税对象。

（2）摩托车

①轻便摩托车
最高设计时速不大于 50 km，发动机气缸总排量不大于 50 的两个或三个车轮的机动车。
②二轮摩托车
最高设计时速大于 50 km，或发动机气缸总排量大于 50 的两个车轮的机动车。
③三轮摩托车
最高设计时速大于 50 km，发动机气缸总排量大于 50，空车质量不大于 400 kg 的三个车轮的机动车。

(3) 电车

①无轨电车

以电能为动力，由专用输电电缆供电的轮式公共车辆。

②有轨电车

以电能为动力，在轨道上行驶的公共车辆。

(4) 挂车

①全挂车

无动力设备，独立承载，由牵引车辆牵引行驶的车辆。

②半挂车

无动力设备，与牵引车共同承载，由牵引车辆牵引行驶的车辆。

(5) 农用运输车

①三轮农用运输车

柴油发动机，功率不大于 7.4 kW，载重量不大于 500 kg，最高时速不大于 40 km 的三个车轮的机动车。

②四轮农用运输车

柴油发动机，功率不大于 28 kW，载重量不大于 1 500 kg，最高时速不大于 50 km 的四个车轮的机动车。

3. 车辆购置税的计算方法

车辆购置税实行从价定率的办法，计算应纳税额。应纳税额的计算公式为：

$$应纳税额 = 计税价格 \times 税率$$

若客户买的是国产车，计税价格为支付给经销商的全部价款和价外费用，不包括增值税税款（税率13%）。因为汽车销售专用发票的购车价中都含有增值税税款，所以在计征车辆购置税额时，必须先将13%的增值税剔除，即车辆购置税计税价格 = 发票价 ÷ 1.13，然后再按10%的税率计征车辆购置税。

如某客户购买一辆100 000元的国产车，去掉增值税部分后按10%纳税。计算得出的购置税为：100 000 ÷ 1.13 × 10%=8 849.6（元）。

若客户买的是进口车，则计税价格的计算公式为：

$$计税价格 = 关税完税价格 + 关税 + 消费税$$

根据车辆来源的不同，计税价格略有不同。具体而言，计税价格分别按以下情况确定：

●从国内市场上购买的车辆，计税价格是客户支付给销售者的全部价款和价外费用，但不包括增值税税款。其中的价外费用是指销售方价外向购买方收取的基金、集资费、返还利润、补贴、违约金（延期付款利息）和手续费、包装费、储存费、优质费、运输装卸费、保管费、代收款项、代垫款项以及其他各种性质的价外收费。
- ●进口自用车辆的计税价格＝关税完税价格＋关税＋消费税。
- ●对于自产、受赠、获奖或者其他方式取得并自用的车辆，其计税价格是国家税务总局参照应税车辆市场平均交易价格核定的最低计税价格。购买自用或者进口自用车辆，如果申报的计税价格低于同类型应税车辆的最低计税价格，又无正当理由，则计税价格是国家税务总局参照应税车辆市场平均交易价格核定的最低计税价格。

二、汽车牌证的办理

由于经验和时间的关系，为新车上牌对很多客户来说，不是一件轻松的事。因此，客户往往乐于支付一定的手续费，让销售顾问代劳。

1. 汽车上牌的流程

（1）获得客户所需资料

获得客户的购车发票、车辆合格证书、交强险保单以及相关证明，并保管好。若是进口车，则所需资料为：购车发票、进出口商检证明、完税证明、身份证（或组织机构代码复印件盖公章、组织机构代码卡、委托书盖章等）。若是国产车，则所需资料为：购车发票、车辆合格证、完税证明、身份证（或组织机构代码复印件盖公章、组织机构代码卡、委托书盖章等）。

（2）缴纳车辆购置税

购置税在购置税征稽处缴纳，需要提供身份证及复印件、购车发票（报税联）、合格证原件及复印件、纳税申报表，如果是进口车辆还需提供海关货物进口证明书及复印件、商品检验单及复印件。

（3）过线检测

车辆需要到检测站进行过线检测。所需资料包括：购置税发票、保险卡、保险单、身份证、购车发票以及合格证。

根据最新出台的"新车免检"政策，对所有新出厂的轿车和其他小型微型载客汽车，办理注册登记前全部免予安全技术检验。

（4）领取牌照、行驶证

检测后把资料交给车管所，然后领取临时牌照、行驶证。若是单位购车，须带上控办证明、法人代码，并须在机动车登记表上加盖单位公章。

（5）缴纳车船税

新车车主应带好新车购车发票的原件和复印件、车辆登记证的原件和复印件、纳税人身份证复印件、纳税申请表到所在地地税局（或在购车时在其驻场代征处）缴纳车船使用税。

如果客户是外地户口，还必须到所在派出所办理暂住证。因为在办理新车挂牌的程序当中，外地户口的车主除了需要提供身份证以外，还必须提供暂住证。

经过以上程序，新车完成了上牌工作。

2. 新车上牌注意事项

● 在车管所的条形码识别机上，上牌者可以在随机产生的10个号码中任意挑选一个。这种方式的弊端在于，号码组合不受人为控制，很难体现个性。但也有好处，因为这些号码对应的车牌已经制作完成，可以在办理相应手续之后当场领取，相当快捷。

● 所有的国产轿车都可以免检，新车免检范围为轿车和备注了"新车免检"字样的小型、微型载客汽车及两轮摩托车。免检车型不包括越野车、小型微型普通载客汽车、重中型货车这种类型的车辆。

● 新车免检不意味着可以直接上牌。免检只是省去了上线检测的一些项目，但还是必须到检测场检验车辆外观、拍照、拓号。另外，出于环保的考虑，还需要检测尾气。

● 新车在各区县的交通大队或当地安委会办理新车备案手续，需准备照片两张。3日后车主可凭照片、临时行车执照、备案卡到取牌照的车管所换正式行车执照。再到附加费征稽处建档，并在附加费证上加盖"已建档"戳证，然后去所在地税务局缴纳车船使用税。

简答题：

1. 汽车保险的特点有哪些？

2. 汽车保险有几种类型？

3. 汽车贷款的条件是什么？贷款的期限是多少年？

4. 汽车上牌的流程有哪些？

参 考 文 献

[1] 姬虹. 汽车销售实务一体化项目教程[M]. 上海：上海交通大学出版社，2015.
[2] 刘新江，胡竹娅. 汽车销售实务（第2版）[M]. 北京：人民交通出版社，2019.
[3] 孙杰. 汽车销售实务[M]. 北京：机械工业出版社，2016.
[4] 王丽霞. 汽车销售实务[M]. 北京：机械工业出版社，2019.
[5] 刘亚杰. 汽车销售实务（第二版）[M]. 北京：清华大学出版社，2017.
[6] 郭玉龙. 汽车销售实务[M]. 北京：北京师范大学出版社，2017.